일상에서 정치까지
말의 힘을 키우는 대화의 기술

대화의 리더십

김 병 민 지음

문학세계사

사람의 마음을 움직이는 대화의 비밀

『말의 힘』을 출간한 지 벌써 4년이란 세월이 지났습니다. 매일 아침 시사 프로그램의 고정 방송에 출연하고, 보도 채널 뉴스의 대담, 라디오 프로그램, 또는 기타 시사 방송에서 토론하며 하루를 보냈던 일상의 경험을 토대로 쓴 책이었죠. 제가 몸소 체험하며 확인한 '말의 힘'을 키울 수 있는 가장 빠른 방법을 흥미로운 이야기들과 함께 엮었습니다.

그런데 책을 출간하고 얼마 되지 않아 코로나 팬데믹이 쓰나미처럼 전 세계를 덮쳤습니다. 바이러스 공포가 우리 사회 전반을 지배하면서 모든 이슈를 빨아들였습니다. 곧이어 총선에 출마하면서 여의도 정치인이 되어버린 탓에 공들여 쓴 책『말의 힘』을 한동안 잊고 지냈습니다.

얼마 전 제주도에서 사회 지도층을 대상으로 대화에 관한 특강을 한 적이 있습니다. 어떤 이야기를 하면 좋을지 고민하던 차에 『말의 힘』을 다시 꺼내 보았습니다. 벌써 수년의 시간이 흘렀지만 지금 보아도 공감되는 이야기들이 적지 않았습니다. 그리고 여의도 정치 한복판에서 매일 대화로 사투를 벌여 온 지난 시간이 주마등처럼 스쳐 지나갔습니다.

당이 역대급 참패를 기록하며 저 또한 낙선자 명단에 이름을 올려야만 했던 21대 총선 이후, 하루도 쉬지 않고 정말이지 파란만장한 시간을 보냈습니다. 김종인 비상대책위원장과 함께 비대위원으로 1년 가까이 활동하면서 당의 정강·정책을 전면 개정하는 등 혁신의 선봉에 섰고, 비대위원 임기를 마친 뒤에는 윤석열 대통령 후보의 대변인으로 대선 캠프의 시작과 끝을 함께 했습니다. 온갖 사건 사고가 끊이지 않았던 대선에서 대통령 후보의 '입'이 되어 활동하며 느낀 건 정치인의 한마디 말이 세상을 180도 다른 방향으로 바꿀 수 있다는 사실이었습니다. 대선 이후 당의 위기에 또 한 번 비대위원으로 등판하며 '직업이 비대위원'이라는 별칭을 얻었는가 하면, 내친 김에 전당대회에 출마해서 젊은 원외 정치인임에도 차석 최고위원으로 당선되는 성과를 내기도 했습니다.

총선에서 낙선한 정치인이 두 번의 비대위원, 대통령 후보 대변인, 선출직 최고위원에 이르기까지 연속해서 당 지도부에 몸을 담고 있었던 배경이 무엇인지 묻는다면 필히 대중과 가장 가까이서 소통해 온 '대화의 리더십'이 핵심적인 이유라고 생각합니다.

우리 사회에 축적된 갈등을 조정하고 해결하는 일이 정치의 본질이라면, 정치인에게 제일 필요한 덕목은 대화를 통해 내가 원하는 방향으로 생각이 다른 사람의 마음을 움직이는 일이 아닐까요. 그런데 제가 경험한 여의도에서는 갈등의 최전선에서 대화의 리더십으로 문제를 해결하려는 정치인은 점점 자취를 감추고, 오히려 갈등을 증폭시켜 주목도를 높이고 자신의 정치적 이득을 도모하려는 정치꾼이 그 자리를 메꿔가는 것 같아 안타까움을 더합니다.

하지만 이런 일 역시 단기적인 유불리가 뒤바뀔 수는 있어도, 긴 시간을 두고 바라보면 결코 본질은 변하지 않습니다. 울림 있는 말 한마디로 다른 사람의 마음을 움직이고, 끝내 세상을 바꾸어 내는 대화의 힘은 위축되지 않을 겁니다.

우리가 누군가의 마음을 움직이는 대화의 비밀이 무엇인지 알 수 있다면, 이건 비단 정치뿐 아니라 우리의 일상에서도 커다란 변화를 불러올 수 있지 않을까요. 그런 의미에서 이번 개정판은 정치인의 경험담으로 출발하지만, 대화와 토론으로 우리 삶을 변화시킬 수 있는 실질적 방법들을 찾는 데 더 큰 주안점을 두고 있습니다.

대화는 일단 즐거워야 합니다. 이야기에 빨려 들어가듯 흥미롭게 대화를 이끌어가는 사람들과 마주했던 일, 여러 불편한 상황이 생겨 더 이상 상대와 대화를 이어가고 싶지 않았던 경험 등 혼자 알고 있기에는 아까운 말에 관한 이야기들을 엮다 보니, 자연스럽게 '즐거운 대화'에 이르는 가장 쉽고 빠른 방법을 정리하기에 이르렀습니다. 누구나 알 수 있는 내용이지만, 우리 주변 누구에게나 쉽게 볼 수는 없는 즐거운 대화의 방법이 새롭게 개정된 『대화의 리더십』을 통해 더 많은 이들에게 전달되었으면 합니다.

대화의 기본을 갖추었다면, 이제 논리적인 토론으로 본격적인 대화의 리더십을 키워볼 때입니다. 토론은 목적이 있는 말하기입니다. 그런데 우리가 흔히 접하는 정치인들의 토론을 보면, 그 목적이 오직 토론 상대와의 싸움에서 이기는 것이 전부인 듯 보입니다. 이들 토론에서 고성과 거친 언어가 난무하는 모습을 볼 때면 바로 이런 목적 달성을 염두에 두고 있기 때문이 아닌가 하는 생각마저 듭니다.

우리에게 토론이 필요한 이유가 누군가와 말로 싸워 이기기 위한 것임은 분명 아닐 겁니다. 저는 토론의 궁극적인 목적 또한 생각이 다른 사람의 마음을 움직이는 데 있다고 생각합니다. 특정 사안에 대해 자신의 주장을 설득력 있게 제시하고, 듣는 이로 하여금 원하는 방향으로 마음을 움직이게 만드는 힘. 이것이 바로 토론으로 더 영향력 있는 리더십을 세우는 근본적인 힘이겠죠.

이러한 토론의 말하기는 비단 정치의 영역에 국한되는 것만은 아닙니다. 말로써 영향력을 행사하고, 상대방을 설득하는 일은 우리가 경험하는 일상에서도 매우 빈번하게 일어나기 때문이지요. 그래서 이 책의 본문에서 다루고 있는 다양한 토론 기법은 어디서나 누구에게나 필요한 '토론의 기본'을 전하는 데 주로 초점을 맞추었습니다.

대화를 통해 리더십을 키우는 일은 훈련의 영역이기도 합니다. 그래서 체계적인 학습 못지않게 반복적인 습관이 매우 중요하겠죠. 책 마지막 장에는 대화의 리더십을 위해 지난 시간 경험하고 관찰했던 습관의 팁을 아낌없이 담았습니다.

노력은 습관을 만들고, 좋은 습관은 필연적으로 삶에 긍정적인 변화를 불러옵니다. 이 책이 보다 많은 사람들의 말의 힘을 키우는 데 도움이 되고, 그렇게 키워진 '대화의 리더십'으로 긍정적인 일상의 변화를 경험할 수 있기를 바랍니다. 그렇게 한 사람, 한 사람의 변화로 바람직한 토론 문화가 정착될 수 있다면, 언젠가는 방송에서, 정치 영역에서, 그리고 우리의 일상에서 격조 높은 대화와 토론이 자리매김하는 날도 찾아오지 않을까요.

서론이 길었습니다. 사람의 마음을 움직이는 대화의 비밀이 궁금하다면 지금 바로 만나보시죠.

CONTENTS

CHAPTER 3
대화의 꽃, 효과적인 토론하기

CHAPTER 4
대화의 리더십을 기르기 위한 습관

Epilogue

* 일러두기

이 도서는 2019년에 출간된 스테디셀러 『말의 힘—사람을 이끄는 대화의 기술』(김병민 저)의 새로운 개정판입니다. CHAPTER 1에는 저자가 2022년 대선의 윤석열 대통령 후보 대변인 그리고 국민의힘 비대위원, 최고위원 등을 거치면서 느꼈던 '대화의 리더십'에 대한 필요성을 다룬 내용을 새롭게 담았습니다. CHAPTER 2, 3, 4에는 『말의 힘』에 수록된 내용과 다수 중복이 됨을 밝힙니다.

CHAPTER 1
대화의 리더십

결정적 순간

"지나고 나면 남는 건 후회뿐이니,
자네 하고 싶은 대로 후회 없이 하게…"
—비상대책위원 시절 김종인 위원장이 건넨 조언 중에서

별의 순간. 독일어 'Sternstunde'에서 비롯되었다는 '별의 순간'은 운명에 영향을 미치는 결정적 순간을 의미한다.

"인간이 살아가는 동안에 '별의 순간'이 한 번 밖에 안 온다. 내가 보기엔 별의 순간이 지금 보일 것이다. 본인이 그것을 잘 파악하면 현자가 될 수 있는 거고, 파악을 못 하면 그냥 그걸로 말아 버리는 것."

몇 해 전의 이야기다. 문재인 정부 당시 대통령과 각을 세우며 소신 행보를 보인 현직 검찰총장을 향해 김종인 국민의힘 비상대책위원장이 꺼낸 '별의 순간'이 정치권에 큰 파장을 일으켰다. 자타가 공인하는 대한민국 킹메이커가 다음 대권주자로 누구의 손을 드는지 언론의 촉각이 곤두선 시기였다. 그런 그가 꺼내 든 '별의 순간'이란 말 한마디는 대통령 선거 내내 회자 되었을 뿐 아니라, 윤석열 대통령 당선의 결정적 순간 중 한 장면으로 꼽을 수 있겠다.

당시 나는 김종인 위원장과 함께 비상대책위원으로 활동하고 있었다. 박원순 시장의 사망, 오거돈 부산시장의 성추문 사퇴로 치러지는 보궐선거에 매진하던 터라 차기 대선까지 관심을 둘 여력이 없었다. 그럼에도 툭툭 던지는 정치 메시지 하나하나에 언론의 관심이 집중되던 김 위원장의 정치 대화를 가까운 거리에서 지켜보며, 그가 왜 윤석열 총장을 향해 '별의 순간'을 언급했는지 흥미롭게 지켜보았다.

젊은 시절 독일에서 공부한 김종인 위원장은 평소에도 독일 정치의 예를 들어 국내 정치 현안을 분석하기를 즐겼다. 역사 속에 등장하는 정치인들이 영웅적인 서사를 통해 지도자의 반열에 오르기도 하지만 우연히 본인에게 다가온 운명적인 순간, 즉 별의 순간을 포착하면서 새로운 미래를 개척한 경우 또한 적지 않다. 틈날 때면 이런 역사적 이야기를 들려주던 그가 현직 검찰총장을 향해 '별의 순간'이란 말을 꺼내 들었으니 어찌 흥미롭지 않을 수 있단 말인가.

박찬종, 고건, 안철수, 반기문 등 이를 끝내 놓치고 말았던 여러 정치인들과 달리 윤석열 대통령은 자신에게 주어진 운명을 정확히 붙잡고 개척해 나갔다.

대한민국에서 가장 강력한 권력, 대통령을 만드는 일에서나 이런 '별의 순간'이 보이는 건 아니다. 영화나 드라마에서나 볼 법한 시나리오가 아니라 우리 삶 어디에서나 운명을 바꾸는 결정적 순간은 반드시 누구에게나 다가오게 된다. 이런 결정적 순간을 어떻게 포착하는지에 따라 대통령 권좌의 주인이 바뀌듯, 우리의 미래도 새로운 방향으로 바꾸어 갈 수 있다.

윤석열의 대변인

대통령 선거에서 대변인은 후보의 입이 되어 활동한다. 중요한 순간순간마다 대변인이 내어놓는 메시지에 따라 뉴스가 움직이고, 여론이 출렁인다. 매일이 유권자의 마음을 움직이는 결정적 순간이었던 대통령 선거에서 나는 윤석열 후보의 대변인으로 전장의 최전선에 서 있었다.

여의도 정치를 본격적으로 시작하기 전부터 방송 패널로 활발히 활동했던 탓에 현안에 대한 토론과 설득에는 자신이 있었다. 하지만 한 번도 경험해 보지 않았던 대변인 역할을 맡고 난 뒤, 약 1년여 시간의 대선을 치르는 동안 극도의 긴장 속에 머리카락이 하얗게 새어버렸으니 정말 극한 직업이 아닐 수 없었다.

대선은 여야가 사활을 걸고, 전쟁처럼 부딪히는 곳이다 보니 작은 설화 하나에도 온갖 화력을 집중해서 정치공세에 나서는 경우가 허다하다. 논리적으로 방어가 쉽지 않은 이슈들이 터졌을 때, 초기에 어떤 메시지를 내는가에 따라 상황이 조기 진압되거나 전체 선거판을 뒤흔들 정도의 이슈로 확전되기도 한다.

선거 기간 동안 매일 기자들 질문에 답을 하는 이른바 백브리핑 현장에서 메시지의 중간 소통을 담당했던 게 대변인으로서 주요 역할 중 하나였다. 단어의 선택 하나에 따라 기사의 논조가 달리 나갈 수 있기에, 언론이 어떻게 기사를 쓸지 방향을 예측하고 우리에게 가장 유리한 방향으로 그 기사에 올라탈 수 있도록 메시지를 조정하곤 했다.

대변인으로 국민을 대신해 묻는 언론과 매일 소통의 전장에서 고군분투하며 느낀 건 준비된 메시지의 힘이었다. 아무리 달변이라도, 즉석에서 준비되지 않은 질문에 현자의 답변을 내어놓기란 쉬운 일이 아니다. 반면 언론이 받아쓰지 않을 수 없는 매력적인 메시지를 준비하고, 적절한 타이밍에 이를 내어놓게 된다면 내가 원하는 방향으로 돛을 단 듯 순풍으로 나아갈 수 있으리라.

결정적 순간의 대화

돌이켜보면 '별의 순간'은 윤석열 총장을 대선후보로 더욱 각광받게 만들던 핵심 메시지기도 했지만, 이 말을 꺼내 든 김종인 위원장에게도 킹메이커로서의 입지를 더욱 단단하게 만들었기에 화자 본인에게도 '별의 순간'이 아니었을까.

한국 정치의 산증인으로 모든 풍파를 겪어 온 노정객은 결정적 타이밍에 맞추어 던져야 할 메시지는 어떠해야 하며, 어떤 대화가 세상의 이목을 끄는지 몸소 실천하여 보여주었다.

소중했고 또 중요했던 '시간'은 흘러갈 뿐 두 번 다시 돌아오지 않는다. 시간이 흐른 뒤 그때 이런 말을 했었어야 했는데… 하며 후회해도 떠나간 '별의 순간'은 다시 붙잡을 길이 없다.

"지나고 나면 남는 건 후회뿐이니, 자네 하고 싶은 대로 후회 없이 하게."

지난날 비상대책위원으로 당의 가치와 철학이 담긴 정강 정책을 전면 개정하는 중책을 맡아 활동하며 기득권의 벽에 부딪히며 힘겨워할 때 김 위원장이 내게 건넨 조언이다. 중요한 결정을 앞둔 시기, 마음을 움직이는 진솔한 대화는 상상 이상의 영향력을 발휘하곤 한다. 두 번 다시 오지 않을 기회라는 생각으로 소신껏 혁신에 매진한 결과, 보수 정당사 최초로 5.18 민주화 운동 정신을 당강령에 삽입하며 고질적인 지역 갈등을 해결하는 단초를 마련하는 성과를 거두게 되었다.

지금도 결정적 순간에 머뭇거리거나 주저하며 어떤 말을 해야할지 고민이 될 때면 그때의 조언이 귀에 맴돌곤 한다.

"이봐, 지나고 나면… 남는 건 후회뿐이라고!"

결정적 순간의 대화는 사람의 마음을 움직이고, 행동을 변화시

키며, 그 결과로 세상을 바꿔내는 커다란 소용돌이까지 불러일으
킬 수 있다. 어느 날 느닷없이 주어지는 '별의 순간', 우리는 어떤
대화를 통해 새로운 미래를 만들 수 있을까. 우리에게 꼭 필요한
대화의 리더십이 궁금하다면, 본격적으로 한 걸음 더 들어가 보자.

대화의 품격

"조국이 전쟁에서 지는 것보다
내가 선거에서 지는 편이 더 낫다."

—존 매케인 전 상원의원의 대선 발언 중에서

2015년 2월, 미국 워싱턴 상원 군사위원회에서는 신임 국방장관의 인사청문회가 열렸다. 버락 오바마가 지명한 후보자는 애슈턴 카터, 군인이 아닌 물리학 박사 출신의 인사를 지명한 탓에 의회 분위기가 좋을 리 없었다. 당시 상원 군사위원회의 위원장은 3대째 해군 출신이고, 그 스스로가 '전쟁 영웅'이었던 존 매케인이었다. 게다가 매케인의 소속 정당은 오바마의 민주당과 경쟁 관계에 있는 공화당이었기 때문에 그의 입에서 어떤 말이 나올지 촉각이 곤두세워지는 순간이었다.

그런데 모두의 예상과 달리 의사봉을 두드린 매케인은 다음과 같이 말했다.

"상원 군사위원회는 카터 박사가 그동안 보여준 국가에 대한 봉사와 이런 성과를 가능케 한 가족들의 희생에 감사를 표합니다. 오늘은 그의 직무수행에 대해 품격 있는 질문을 해주시기 바랍니다."

대한민국 국회의 인사청문회였다면 아마 시작부터 난타전이 이어졌을 게 분명하다. 그러나 호통과 비아냥거림, 사실관계는 뒷전에 둔 신상털기 등 우리에게 익숙한 장면은 찾아볼 수 없었다.

오전 회의 후, 정회 시간에 기자들이 팔짱을 낀 채 매케인에게 질문을 건넸다. 왜 청문회에서 카터를 거세게 몰아붙이지 않았는지를 말이다. 그럼 "다른 대안이 있냐?"는 매케인의 답변에 "그건 정부가 고민할 몫이 아니냐"고 기자들이 다시 물었다. 그리고 이에 대해 그는 다음과 같이 말했다.

"이봐, 내 나라이기도 하지. 몰랐어? 나 애국자야. 이슬람 국가와 전쟁을 하고 있는데 애슈턴 정도면 오바마가 꺼낼 최상의 카드야."

이 이야기는 워싱턴에서 〈동아일보〉 특파원으로 있던 이승헌 편집국장이 현장에서 직접 보고 들은 경험을 지면에 공유한 것이다. 과거 그가 특파원을 마치고 돌아온 뒤, 한동안 방송 옆자리에 앉아 패널로 대담을 함께 했던 적이 있다. 우리 정치의 품격에 관한 문제를 고민하던 그의 발언에 고개를 끄덕이며 공감했던 기억이 문득 떠오른다.

DOC와 국회 열린음악회

1997년에 발표된 DOC의 노래 〈삐걱삐걱〉이 2018년 여름 국회 앞마당에서 울려 퍼졌다. DOC는 제헌절 70주년을 기념하는 〈열린음악회〉 녹화방송 무대에 올라 정치인들 앞에서 이 노래를 불렀다. 그런데 노래를 부르던 중 멤버 한 명이 즉흥 발언을 시작했다.

"제가 97년도에 이 곡을 썼는데 예나 지금이나 정치하는 사람들은 변한 게 별로 없더라."
"A당 계속 정신을 못 차렸으면 좋겠다."

국회에서 이뤄진 공연이었고, 무대 앞쪽에는 그들이 비난한 A당 현역 의원도 여러 명 방청 중이었다. 하지만 그들은 "무식한 놈들이 하는 소리니, 신경 쓰지 마세요"라면서 돌출 발언을 끝내고 공연을 이어갔다. 물론 녹화 방송인 탓에 공중파를 통해 이 내용이 그대로 전달되지는 않았다. 그런데도 DOC의 돌출 발언은 SNS를 통해 퍼져나갔고, 정파의 이해관계를 떠나 이 사안을 두고 뜨겁게 논쟁이 붙었다.

그들이 부른 노래 〈삐걱삐걱〉의 한 대목을 소개하면 다음과 같다.

"매일 밤 9시가 되면 난 뉴스를 봐요.
코미디도 아닌 것이 정말 웃겨요.
정치하는 아저씨들 맨날 싸워요.
한 명 두 명 싸우다가 결국 개판이 돼요.
그렇게 싸우고 또 화해를 해요.
완전히 우리를 가지고 놀아요."

20년도 더 지난 앨범에 수록된 DOC의 노랫말과 정치 풍자는 현재의 정치권에 빗대도 크게 손색이 없다. 그저 그 노랫말만으로도 앞자리에 공연을 보고 있는 국회의원들에게 따끔한 일침을 줄 수 있었을 텐데, 특정 정당을 언급하면서 비하하는 발언을 즉흥으로 쏟아내 공연의 의미는 반으로 퇴색될 수밖에 없었다.

그런데 국회 앞마당에서 열린 공연에서조차 조롱의 대상이 되어버린 우리 정치 현실을 보면, 이런 문제는 정치인 스스로가 자초

한 측면이 크다.

국회의원의 막말은 더 이상 새로운 뉴스가 아니다. 누군가 상처가 되는 말을 쏟아내면, 또 다른 정치인이 더 센 말을 쏟아내면서 서로 막말 경쟁까지 이어졌던 게 우리 정치의 현주소이기 때문이다. 막말로 비판받더라도 특정 지지층의 환호를 받으면서 지지 세력을 구축할 수 있다고 판단했기 때문인지, 계속되는 세간의 비판에도 우리 정치에서 '말의 품격'은 쉽게 나아질 기미가 보이지 않는다.

그래서 더, 존 매케인이 청문회에서 보여줬던 말, "이봐, 내 나라이기도 하지"라는 말이 계속 귀에 맴도는지도 모르겠다.

매케인을 떠나보내며

그랬던 존 매케인이 세상을 떠났다. 장례식장에는 공화당, 민주당 양당의 인사들이 일제히 한자리에 모였다. 그와 대통령 선거 및 경선에서 맞붙었던 오바마 전 대통령, 부시 전 대통령은 추모 연설을 맡아 큰 화제가 되기도 했다. 추모 연설을 통해 오바마는 자신의 집무실에서 매케인과 나눴던 대화를 떠올리며 다음과 같이 회고했다.

"존은 솔직한 논쟁을 좋아했다. 정치적 편의주의나 당파적

이익을 위해 진실을 왜곡한다면 민주주의가 작동하지 않는다는 걸 알았기에 때때로 자신이 속한 정당에 맞섰고 초당파적으로 일했다."

매케인과 오바마는 대선 경쟁자이기도 했다. 당시 선거에서 경쟁하던 시절 유세가 한창일 때, 한 지지자가 오바마를 향해 "그는 아랍인이다"라며 그의 인종을 문제 삼고 나선 적이 있었다. 그러자 매케인은 조금의 망설임도 없이 이런 지지자의 주장에 대해 다음과 같이 단호하게 대응했다.

"아니다. 그는 점잖은 가정의 훌륭한 미국 시민이다."

특히 당시 대선은 이라크전에 대한 파병 증원 문제가 뜨거운 이슈였다. 여론은 이라크에 대한 추가 파병에 대해 매우 부정적인 상황이었다. 정치인 매케인은 이런 부정적 여론에도 불구하고, 이라크전 증파안을 오히려 옹호하면서 다음과 같이 주장했다.

"조국이 전쟁에서 지는 것보다 내가 선거에서 지는 편이 더 낫다."

그런데 정파를 초월한 두 전직 대통령까지 나서서 조사를 맡았던 그의 장례식에 초대받지 못한 손님이 한 명 있었다. 바로 현직 대통령인 도널드 트럼프였다. 클린턴 전 대통령 부부, 앨 고어, 딕 체니 전 부통령 등 정치권과 각계 인사가 총출동했지만 트럼프는 폭풍 트윗을 날린 뒤, 평소 주말처럼 골프장으로 향했다.

매케인은 생전에 분열의 정치를 조장하는 트럼프 대통령과 심한 갈등을 보였다. 부시 전 대통령은 매케인을 기리며 이렇게 말하기도 했다.

"권력의 남용을 혐오했으며 편견이 심한 사람들과 으스대는 폭군들을 견디지 못했다."

〈워싱턴포스트〉는 이 대목이 트럼프 대통령을 겨냥한 것으로 풀이했다. 매케인은 '반대자들 역시 애국자'라는 걸 인정하는 영예로움을 지녔던 정치인이었다. 나라와 공동체를 위해 헌신해 온 그의 정치 행보를 보면서 미국 시민들이 가장 먼저 떠올리는 단어는 바로 '품격'이었다. 비록 화려한 수사로 포장된 달변가는 아니었지만, 그가 대화하고 토론하는 방식과 자세에서 이런 품격은 고스란히 묻어나기 마련이었다.

품격 있는 대화의 조건

매케인의 사례에서 볼 수 있듯, 품격 있는 대화를 위한 첫 번째 조건은 '상대에 대한 인정'이다. 의견이 대립할 때, 상대를 이겨서 무너뜨려야 하는 적으로 규정한다면 아무리 탄탄한 논리로 주장을 뒷받침하더라도 대화의 품격은 물거품처럼 사라질 수밖에 없다.

반대로 역지사지하는 마음을 갖고, 생각의 차이를 좁히기 위한 노력이 이어진다면 훨씬 유연한 대화가 가능해진다. 오바마는 자신의 집무실에서 대통령 선거의 경쟁 상대였던 매케인과 허심탄회하게 현안에 관해서 토론하곤 했다. 이런 정치가 가능한 것 역시, 바로 상대에 대한 인정이 뒷받침되기 때문이다.

대화의 품격을 높이기 위한 두 번째 조건은 '솔직함을 바탕으로 한 용기'다. 선거에서 조국의 전쟁 승리를 위해 파병 증원에 찬성한 매케인의 발언은 솔직함에 기반한 용기를 보여주고 있다. 정반대로 상황을 모면하기 위해 임기응변을 하거나 거짓된 말로 포장하면서 선거에 유리한 주장을 펼칠 수도 있을 것이다. 하지만 장기적인 관점에서 볼 때, 이런 상황 모면용 발언은 결코 오래갈 수 없다.

비록 선거에서 불리하더라도 원칙을 포기하지 않는 솔직함은 '용기'의 다른 말일 수 있다. 정파 등 작은 이해관계에 얽매이기보다 반드시 지켜야 할 보편적 원칙이 분명하다면 이런 용기는 조금 더 쉽게 발휘될 수 있다. 잘못이 있다면 솔직하게 인정하고, 불리한 상황에서도 원칙을 지키는 태도로 대화에 임할 때 말의 품격을 지켜나갈 수 있을 것이다.

직업이 비대위원

"명심해요. 모래알이든 바윗덩어리든 물에 가라앉긴
마찬가지예요. 그냥 잊어버린 거예요. 왜냐고?
남의 일이니까. 오대수는요……
말이 너무 많아요…….."

—영화 〈올드보이〉의 대사 중에서

2022년 가을, 국민의힘의 두 번째 비상대책위원이 되었다. 김종
인 비상대책위원회의 비대위원으로 만 1년여 시간을 보낸 뒤, 꼭 1
년여 만에 다시 비대위원이 된 것이다. 여의도 정치권에서 비상대
책위원회는 당 지도부 궐위나 붕괴 등 비상한 시기에 세워지게 된
다. 비정상적 상황에서 안정적이면서도 개혁적으로 위기를 돌파
해 나가는 데 꼭 필요한 사람으로 두 번을 쓰이게 되었으니, 세상
사람들은 이런 내게 '직업이 비대위원'이라는 별칭을 붙여주었다.

세계사에서 커다란 전쟁이 우연한 사고에서 촉발되듯, 여의도
정치에서도 작은 말다툼이나 오해에서 비롯된 충돌이 권력을 무

너뜨리는 커다란 사건으로 확대되는 경우가 종종 발생한다. 사람의 말, 대화로 모든 상황이 좌지우지되는 정치판도 마찬가지로 작은 오해에서 비롯된 충돌이 갈등으로 비화되면서 상황을 최악으로 끌고 가는 경우가 비일비재하게 발생한다.

당의 위기 때마다 두 번이나 비대위원이라는 구원투수로 등판하게 된 배경에는 역시나 안정적으로 대화를 끌고 가는 말의 힘이 평가받았기 때문일 것이다. 안전하게 말의 힘을 사용하는 방법, 대화의 리더십을 키우는 가장 기초적인 덕목 중 하나일 것이다.

영화 〈올드보이〉, 그리고 말

배우 최민식, 유지태가 열연했고, 박찬욱 감독이 메가폰을 잡았던 작품 〈올드보이〉는 십수 년이 지난 지금 보아도 참 잘 만든 영화라는 생각이 절로 든다. 좁은 공간에서의 액션 장면, 오랫동안 뇌리에 남는 OST, 궁금증을 자아내는 시나리오 구성 등 기억나는 요소가 정말 많지만, 그중에서도 주연 배우들의 대사는 우리에게 여러 가지 생각할 거리들을 던져주기도 한다.

"명심해요. 모래알이든 바윗덩어리든 물에 가라앉긴 마찬가지예요."

"그냥 잊어버린 거예요. 왜냐고? 남의 일이니까."

"오대수는요…… 말이 너무 많아요……."

극 중 주인공인 이우진이 오대수에게 던진 대사의 내용 중 일부다. 영화에서 오대수는 영문도 모른 채 사설 감금 방에 15년을 갇혀 지낸다. 15년 동안 중국집 군만두를 먹으며 복수를 꿈꾸던 오대수는 자신을 가둘 만한 사람들을 모조리 기억 속에서 꺼내 본다. 하지만 결국 마지막 순간까지 자신을 가둔 이유에 대해서 스스로 찾아내지 못하는데, 나중에 이 모든 수수께끼가 아주 오래전 학창 시절의 말 한마디에서 시작되었음을 알게 된다.

오대수를 가둔 이우진은 학창 시절 누나와 은밀한 관계를 비밀스럽게 맺었다. 이를 멀리서 우연히 목격한 오대수는 악의적 의도 없이 친구에게 목격한 사실을 이야기했고, 소문은 꼬리를 물고 삽시간에 퍼져 나갔다. 동생과의 관계로 상상임신에 빠진 누나는 스스로 목숨을 끊는 극단적인 선택을 하기에 이르렀다. 악의적 의도 없이 던진 말 한마디의 무게가 한 사람의 목숨을 앗아가는 비극적 결말로 이어진 셈이다.

만화를 원작으로 한 영화이기 때문에 현실성이 떨어진다는 지적이 당연히 있을 수 있다. 하지만 극 중 이우진이 언급한 '모래알이든 바윗덩어리든 물에 가라앉는 건 마찬가지'라는 대사는 비단 영화에만 국한된 일은 아닌 것 같다. 우리 주변에서도 내가 던진 사소한 말이 작은 돌멩이가 아니라 바윗덩어리가 되어 돌아오는 경우는 그리 어렵지 않게 찾아볼 수 있기 때문이다.

케빈 베이컨의 6단계 법칙

케빈 베이컨이란 미국의 영화배우가 있다. 1994년, MTV의 한 인기 토크쇼에 편지가 하나 배달되었다. 편지를 보낸 이는 세 명의 대학생이었는데, 그들은 배우 케빈 베이컨이 모든 사람과 연결된다는 것을 입증할 수 있다고 말했다.

이런 주장에 흥미를 느낀 방송국은 편지를 보낸 대학생 세 명과 케빈 베이컨을 함께 출연시켰다. 토크쇼에서 케빈은 청중이 이름을 대는 배우마다 자신이 그들과 어떻게 연결되는지를 막힘없이 보여주었다. 그는 여러 편의 영화에 출연한 배우로 유명했기 때문에 워낙에 할리우드 배우들과 폭넓게 연결될 수 있다는 점에서 유리한 면이 분명 있었다. 덕분에 시청자들은 직접적인 연관은 없더라도 몇 단계만 거치면 할리우드의 영화배우들 대부분이 케빈과 연결되어 있음을 확인할 수 있었다. 이런 연결 관계는 정도의 차이만 있을 뿐, 비단 케빈이 아니더라도 모든 이들에게 공통으로 적용된다.

오래전부터 세상의 모든 사람은 중간에 다섯 사람을 거치면 서로가 연결되어 있음을 증명하는 시도들이 이미 있었다. '여섯 단계 분리 법칙'이라고 불렸던 이런 현상은 케빈 베이컨의 토크쇼 출연 덕분에 더욱 유명해졌고, 이후로 세상 사람들에게 '케빈 베이컨의 6단계 법칙'으로 불리게 되었다.

우리나라에서도 이런 네트워크에 관한 이론을 입증하기 위한 실험이 여러 번 있었다. 그리고 실제 한 정치인은 여야 의원에게 자신의 의사를 피력하기 위해서 평균 3.85단계를 거치면 된다는 결과를 도출하기도 했다. 페이스북도 전 세계 16억 명의 이용자 네트워크를 조사한 결과 평균 3.57명을 거치면 모두가 서로 연결된다는 조사 결과를 발표한 적이 있다. 이런 결과는 개방된 세계에서의 평균치이기 때문에, 가까이에서 인적 네트워크가 겹치는 곳에서는 훨씬 더 적은 단계로도 서로가 연결될 수 있는 셈이다.

안전하게 말의 힘을 사용하기 위해서 '세상에 영원한 비밀은 없다'는 동서고금의 진리를 늘 생각하자. 내가 누군가와 나눈 비밀스러운 이야기는 언제고 돌고 돌아 당사자에게 전달될 수 있고, 보이지 않는 곳에서 누군가가 그 이야기를 엿들을 가능성도 언제든지 열려 있다. '케빈 베이컨의 6단계 법칙'을 넘어서, 우리는 전 세계가 불과 3단계로 압축되는 초연결 세상에 살고 있다. 특히 상대에게 비수가 될 수 있는 날카로운 말을 사용할 때면, 케빈 베이컨의 모습을 한 번만 더 떠올려 보는 것은 어떨까.

CHAPTER 1 대화의 리더십

식사 정치

"개인주의가 심해지고, 대화가 단절된 세상으로 빠르게 변해가더라도
사람에 대한 기본적인 그리움마저 사라지는 건 결코 아닐 것이다.
그럴수록 더 식사 한 끼를 함께 나누며 대화할 수 있는
사람의 정에 목말라하는 것은 아닐런지."

—윤석열 대통령과의 식사 정치를 회고하며

"김 박사님. 저 윤석열입니다. 식사 한 끼 같이 하시죠."

2021년 여름 전화 한 통이 걸려왔다. 검찰총장을 그만두고, 대권 선언을 한 야권의 유력주자 윤석열 전 검찰총장의 연락이었다. 그렇게 광화문의 한 중국집에서 단둘이 점심 식사 자리를 가졌다.

살아 있는 권력과 맞서 싸워 온 강인한 이미지 때문일까, 만나서 무슨 이야기를 나눌지 첫 만남에 부담이 컸다. 그런데 웬걸. 처음 만난 자리에서 악수를 하고 식탁에 앉은 뒤 한참을 메뉴판만 뚫어져라 쳐다보더니, 무슨 맛난 음식을 먹을지 진심을 다해 고민하

는 게 아니겠나. 이 사람이 요리와 음식에 진심이었다는 걸 나중에 한 예능에 출연한 계란말이 시연을 보고서야 알았다.

윤 대통령과 오랜 친분이 있는 사람들은 하나같이 그가 겉으로는 강해 보이지만 따뜻한 성품을 지닌 인사라는 걸 잘 알고 있다. 사람과 정을 나누는 데 진심이었고, 특히 식사를 함께 나누며 내가 가진 진심을 대화를 통해 털어놓기를 좋아한다.

그는 본래 국민의힘과는 거리가 먼 삶의 궤적을 가지고 있다. 전직 대통령 수사를 비롯해 국정원 댓글 사건 수사 등 여러모로 현재의 여권과는 악연이 깊었다. 그럼에도 정치참여를 선언하고, 국민의힘에 입당한 뒤에는 특유의 친화력으로 짧은 기간 여러 정치인들을 자기 사람으로 만들어내는 데 탁월함을 보였다.

그리고 이런 배경에는 윤 대통령의 식사 정치가 있었다.

윤식당이 만든 대통령

대통령 선거를 앞둔 추석, 명절 밥상머리 민심이 중요한 때였다. 여러 예능에 정치인들이 앞다퉈 나가던 시기였는데, 〈집사부일체〉

라는 프로그램에 출연한 윤 후보의 계란말이가 대박을 터뜨렸다.

예능 촬영을 위해 아무리 준비를 한다 해도, 평소에 하지 않는 일을 능숙하게 해낼 수는 없는 노릇이다. 〈집사부일체〉는 요리와 음식에 진심인 사람 윤석열의 모습을 카메라에 진솔하게 담아내었고, 특히 스테인리스 팬을 달구며 만들어 낸 특대 계란말이는 단연 장안의 화제가 되었다.

아내를 위해 정성스레 식사를 마련하는 남편, 주변 지인들을 위해 능숙하게 술안주를 마련해주는 한 중년의 뒷모습에서 검찰총장이라는 무거운 권력의 그림자는 자연스레 사라져버렸다.

대통령 선거 동안 서초동에 있는 윤 대통령의 자택에 여러 차례 드나들었다. 가장 기억에 남는 건 당내 경선 토론이 끝난 어느 날 밤이었다. 시간이 늦었지만 토론 준비로 저녁을 거른 터라 한 차로 자택까지 이동한 캠프 내 소수가 집으로 들어가 야식을 곁들이며 맥주 한 잔을 들었다. 반바지로 편하게 옷을 갈아입은 후보가 부엌으로 들어가더니 냉장고에서 이런저런 재료를 꺼내어 뚝딱 야식을 만들어내는데, 예능에서 보던 그 모습 이상이었다. 본인을 위해 선거 내 고생한 식구들에게 직접 만든 요리로 정을 나누는데 마음이 동하지 않을 정치인이 세상 어디에 있겠는가.

혼밥이 편한 세상

식구. 한집에서 살면서 끼니를 같이 하는 사람을 우리는 식구라 칭한다. 가족의 다른 표현인 식구란 말 속에는 밥을 같이 나눈다는 의미가 내포되어 있듯, 우리는 함께 밥을 나누는 것에 식사 그 이상의 의미를 부여할 수 있겠다.

하지만 이런 이야기도 옛말이 되어버린 듯, 요즘은 1인 가구 중심의 혼밥이 보편화된 세상 아니던가. 스마트폰이 대화의 상대 자리를 차지해버리고 빠르게 끼니를 때우는 혼밥이 편해진 세상에서 따뜻한 음식을 나누면서 대화로 정을 이어가는 건 이제 고리타분한 과거의 유산처럼 치부될지도 모르겠다.

먹는 이야기를 하니 문득 일본 영화 〈남극의 쉐프〉가 떠올랐다. 영화는 평균기온 -54°C의 극한지 남극에서 요리를 먹는 것이 유일한 낙인 대원들의 이야기를 따뜻하게 그려내고 있다. 벌써 10년도 전에 본 영화지만, 대원들이 어렵사리 만들어 낸 라면을 함께 먹으며 감동하는 장면은 아직도 기억에 생생하게 남아 있다. 아무리 개인주의가 심해지고, 대화가 단절된 세상으로 빠르게 변해가더라도 사람에 대한 기본적인 그리움마저 결코 사라지지는 않을 것이다. 그럴수록 더 식사 한 끼를 함께 나누며 대화할 수 있는 사람의 정에 목말라하는 것은 아닐런지.

식사 정치는 여의도뿐 아니라 우리 삶 전반에 커다란 효용을 안겨준다고 확신할 수 있다. 대화를 통해 다른 사람의 마음을 내 편으로 깊게 끌어오고 싶다면 따뜻한 정을 나눌 수 있는 식사 정치를 적극 활용하기를 권한다. 어찌 보면 나 역시, 점심 한 끼의 식사 정치에 지난 대선 내 정치 운명을 건 모험에 나선 셈이니 말이다.

21세기 전기수, 그리고 대화의 리더십

"전기수는 책을 읽는 솜씨가 뛰어나서 주위에 많은 사람이 모였다.
읽어가다가 아주 긴요하여 꼭 들어야 할 대목에 이르러 문득 읽기를
그치면 사람들은 그다음 대목을 듣고 싶어서 다투어 돈을 던져주었다."

—조수삼의 『추재집』에 담긴 전기수의 기록 중에서

조선 시대, '전기수'라는 이야기꾼이 있었다. 조선 후기에 전국
을 돌면서 소설 등 이야기를 전문적으로 낭독해 주던 이야기꾼 전
기수는 훗날 직업적 낭독자의 보통명사처럼 불리기도 했다.

전기수는 책을 읽는 솜씨가 매우 뛰어났다. 당대에 그 인기는
현재의 연예인과 비견될 정도였다고 한다. 워낙 말솜씨가 좋은 탓
에 소설을 현실보다 더 그럴듯하게 들려주었는데, 그 때문에 비극
적인 사건이 발생하기도 했다.

1790년 『정조실록』은 다음과 같이 전기수 피살 사건에 대해 기
록했다.

"실로 어이없이 죽임을 당하는 맹랑한 일들이 심심찮게 일어난다."

기록에 따르면, 전기수는 종로의 담뱃가게 앞에서 『임경업전』을 낭독하고 있었다. 그의 낭독 중에 임경업 장군이 역적 김자점의 무고로 목숨을 잃는 장면이 있었는데, 구경꾼 하나가 눈을 크게 뜨고 입에서 거품을 내뿜더니 담배 써는 칼을 집어 들어 전기수를 그 자리에서 찔러 죽인 것이다. 얼마나 소설을 현실처럼 묘사했던지, 소설에서나 벌어질 황당한 사건이 역사에 기록되고 말았다.

허무맹랑한 살인사건이 일어날 정도로 당시 전기수의 말은 대중의 마음을 휘젓는 힘이 있었다. 전기수는 이 마을 저 마을을 돌아다니면서 이야기를 들려주었기 때문에 세상의 다양한 소식을 전하는 역할도 함께 했다. 현재로 치면 유튜브 구독자 100만 명을 보유한 인플루언서라고 봐도 무방하지 않을까. 그의 말을 듣기 위해 수많은 대중이 모여들었고, 전기수의 말은 다양한 방면에서 당대에 큰 영향력을 발휘했다.

21세기 전기수로 산다는 건

여의도 정치를 시작하기 전, 방송평론가로 활발하게 활동하던 시기에 라디오 방송국에서 연락이 왔다. 특별기획 프로그램으로 '거리의 이야기꾼 전기수'에 대한 방송을 제작하는데, '현대판 전기수'의 이야기를 인터뷰하고 싶다는 것이었다. 아마도 여러 방송국에 출연하며 세상의 다채로운 소식들을 전달하는 평론가의 삶이, 과거 전기수의 모습을 연상시켰던 것 같다. 온전히 '말'로써 대중에게 강한 영향력을 행사한다는 면에서도 공통점을 찾을 수 있겠다.

그리고 나서 주변을 살펴보니 나 외에도 21세기 전기수가 제법 있었다. 방송일이 전업이라 해도 과언이 아닌 변호사, 낙선했지만 재기를 꿈꾸며 방송 평론을 하는 전직 국회의원, 시사와 정치에 관해 평론하는 여러 직군의 사람들. 이들은 각자의 전문성을 바탕으로 우리 사회에서 벌어지는 다양한 사건에 관해 이야기한다. 이런 현대판 전기수의 말은 전파를 통해 대중에게 전달되면서, 우리 사회의 여론을 형성하는 데 중요한 역할을 하기도 한다.

돌이켜보니, 방송에서 평론했던 몇 해 동안 우리 사회를 뒤흔들었던 사건이 적지 않았다. 헌정사상 첫 대통령 탄핵이 이루어졌고, 1953년 정전협정 이후 처음으로 북한과 미국의 지도자가 한 테이블에서 협상을 벌였으며, 러시아가 우크라이나를 침공하여 전쟁을 벌이는 등 세상이 들썩였던 순간에 현대판 전기수들은 늘 방송국 한 켠을 지키고 있었다.

이러한 역사적인 사건과 맞물리면서, 특히 우리 같은 평론가의 말은 사회에 적지 않은 영향력을 미쳤다. 세상을 변화시키는 긍정적 여론 형성에 기여했을 수도 있지만, 누군가의 마음을 다치게 하는 부정적 영향력을 행사했을 수도 있다.

보통 방송 대담이 끝나고 나면, 여러 경로를 통해 다양한 의견이 전달된다. 그럴 때면 우리의 말이 타인의 마음을 움직이는 데 얼마나 큰 힘을 보여주는지 새삼 깨닫게 된다. 즉, 말의 힘을 어떻게 사용하는지에 따라 한 사람의 인생이 크게 요동칠 수도 있다. 우리 주변에도 말의 힘을 제대로 사용하지 못해서 한때 대중의 인기를 얻었지만 더 이상 방송에서 볼 수 없는 여러 전기수가 있다.

최근에는 SNS, 유튜브 등 전달 매체가 다양해지면서 과거와는 비교할 수 없을 정도로 많은 전기수가 양산되고 있다. 작은 스마트폰 하나만 있으면 언제든지 말과 글로써 시공간을 넘나들며 그 영향력을 한껏 보여줄 수 있으니 '말의 힘'과 그 중요성은 더욱 커질 수밖에 없다. 과거엔 소수의 사람에게 한정된 힘이었던 '말'의 영향력이 이제는 모두가 보편적으로 가질 수 있게 되었다는 점에도 주목할 필요가 있다. 그래서 더 말의 힘을 신중하게, 효과적으로 사용해야 할 필요성은 점점 커지고 있다.

세상을 바꾸는 대화의 힘

대화는 세상을 바꿀 수 있는 드라마틱한 힘을 가지고 있다. 우리의 평범한 일상에서도 대화의 리더십을 어떻게 활용하는지에 따라 인생의 방향은 완전히 다르게 전개될 수 있다.

지난 십여 년 가까운 시간 동안 내 삶에도 많은 변화가 있었다. 기초의원으로 출발했던 정치 여정은 정치 평론가, 대학 교수, 국회의원 출마, 비상대책위원, 대통령 후보 대변인을 거쳐 집권당의 최고위원에까지 다다랐다. 중요한 변화의 순간마다 새로운 길을 개척하는 데는 특히 대화의 리더십이 큰 힘이 되었다.

대중정치인으로 세상에 이름을 알리게 된 데에는 누가 뭐래도 방송의 힘이 컸다. 방송에 나올 때면 대중이 쉽게 알아듣기 어려운 용어를 사용하면서 자신만의 대화에 집중하는 사람들이 더러 있다. 나는 방송에 출연하여 상대 패널과 나누는 대담 또는 토론이 프로그램을 지켜보는 대중, 시청자와의 대화라고 생각한다. 그래서 어떤 이슈가 나오든지 간에 오천만 대중이 사용하는 언어로 쉽게 정치·사회 현안을 설명하려 노력했고, 이런 대화에 많은 시청자가 호응했다.

대화의 리더십은 방송에서도 의미 있게 요구되는 사안이지만, 실은 여의도 정치권에서야말로 가장 강력하게 필요로 하는 자질이기도 하다. 내가 출연했던 방송을 즐겨보며 긍정 평가했던 이들의 추천으로 당의 비상대책위원이 되었고, 생방송 등 오랜 기간 단련된 대화의 리더십으로 각종 현안에 대응하는 역량을 여과 없이 발휘할 수 있었다. 또 그렇게 쌓인 경험은 대통령 선거와 최고위원으로 선출된 전당대회를 거치면서 더 단단해졌다.

대화의 리더십을 통해 성장해 온 지난날을 돌아보면 아쉬움도 적지 않다. 만약 좋은 멘토가 있어서 먼저 겪은 시행착오를 줄일 수 있도록 길을 안내해 주었다면 어땠을까. 아마도 조금은 덜 힘들게, 안정적인 상태에서 실수를 줄여가며 대화의 힘을 이해할 수 있는 그런 시간을 보낼 수 있었을 텐데 말이다.

내 지난 경험을 방송과 정치의 영역이 아닌 우리의 평범한 일상으로 옮겨보려 한다. 대화는 비단 방송뿐 아니라 우리의 삶에서도 똑같은 영향력을 행사할 테니 말이다. 그런데 우리는 이런 대화의 중요성에도 불구하고, 어떻게 대화의 리더십을 키워 나가면 좋을지에 대해 체계적으로 학습할 기회를 충분히 얻지 못했다. 유년기 가정에서도, 성장기 교육기관에서도, 졸업 후 사회에서도 우리의 대화와 소통에 대해서 진지하게 고민하고 돌아볼 기회가 없다는 건 정말 안타까운 일이다.

　방송에서도 여의도 정치 현장에서도 대화하고 토론하는 일이 일상의 전부가 되어버린 지금, 현재 매일의 고민은 어떤 말이 세상에 조금 더 나은 영향력을 행사할 수 있을지에 관한 것이다. 비록 경험으로 축적한 지식일지 모르나 세상이 가르쳐주지 않았던 더 나은 대화에 관한 이야기를 본격적으로 나눠보고자 한다.

　대화의 리더십을 기르기 위해 꼭 필요한 대화와 토론의 방법들을 세대 불문 쉽게 이해할 수 있도록 친절하게 공유하고 싶다. 즐거운 대화와 효과적인 토론으로 어떻게 대화의 힘을 기를 수 있을지, 그리고 그 습관은 무엇이 되면 좋을지를 지난날의 생생한 경험을 바탕으로 녹여내고자 한다.

　자, 준비되었다면 이제 대화의 리더십을 키우기 위한 방법에 대해서 본격적으로 함께 들어가 보자.

CHAPTER 2

대화가 어려운 사회,
즐겁게 대화할 수 없을까

대화에 어려움을 느낀다면

"말하기는 귀찮은 일도 아니고 기분 나쁜 일도 아니며
단순히 시간을 때우는 일은 더더욱 아니다."

—래리 킹의 저서 『대화의 신』 중에서

50년 넘게 5만 명 이상의 사람들과 인터뷰를 기록한 미국 토크계의 전설, 래리 킹은 그의 저서 『대화의 신』에서 대화를 위한 최우선 조건으로 '말하는 태도'를 언급했다. "말하기는 귀찮은 일도 아니고 기분 나쁜 일도 아니며 단순히 시간을 때우는 일은 더더욱 아니다"라는 그의 말은 대화에 어려움을 겪는 이들에게 가장 기본적인 사실을 상기시켜 주었다.

대화는 인간관계를 잇는 가장 기본적인 도구임에도 불구하고, 주위를 둘러보면 생각보다 많은 사람들이 '대화'에 어려움을 겪고 있는 듯 보인다. 아마도 말을 잘한다는 것이 그저 선천적으로 주어지는 재능 정도로 치부하며 살아왔기 때문은 아닐까.

유년 시절 웅변학원에서 배웠던 어색한 말하기의 기억을 제외하고 나면, 학교나 사회에서 말하기의 중요성, 태도, 방법 등에 대해 구체적으로 학습한 기억이 없다. 오히려 선생님과 격의 없는 대화를 시도하다 묵살 혹은 체벌을 당한 기억이 있는 이들이라면 '침묵이 금이다'라는 격언을 몸소 체험한 채, 말수를 줄이는 방법부터 익히게 되었을지 모른다.

물론 나의 유년기 경험은 1980, 1990년대의 것이기에 현재 청년세대와는 또 다를 수 있다. 그래서 갓 고등학교를 졸업한 새내기들을 대상으로 수업을 할 때, 과거와는 달리 자유로운 대화, 토론이 가능할 것이란 막연한 기대를 가졌던 때도 있었다. 그런데 약 스무 해 전 우리의 대학 시절이나 현재 학생들의 말하기를 비교해 보면 큰 차이가 있는지 알지 못하겠다.

강의 중 예고 없이 질문을 건네면 자유롭게 자신의 의견을 적극적으로 펼치기보다, 혹시 내 말이 틀린 것은 아닌지 걱정하며 주저하는 학생들의 모습이 더 눈에 띈다. 그동안 여러 차례 정권도 바뀌었고, 따라가기 어지러울 정도로 교육과정 및 입학전형도 변했다. 하지만 예나 지금이나 자연스럽고 편안한 대화에 어려움을 겪고 있는 이들이 많다는 건 슬픈 현실이다.

더군다나 최근에는 우리의 대화를 방해하는 변수가 하나 더 생겼다. 정보통신기술의 발달로 인한 스마트폰의 확산은 전통적인 대화 방식에도 여러 변화를 가져왔다. 과거 전화로 이야기하던 많은 대화는 카카오톡 등 메신저의 문자 대화로 전환되면서, 그나마 오가던 대화에도 빨간 불이 켜졌다.

물론 메신저에서도 이모티콘이나 플래시콘을 활용할 경우, 대화에서 미처 다 나누지 못한 여러 감정 전달까지 가능하게 진화한 측면도 무시할 수는 없다. 하지만 현실의 대화에서만 느낄 수 있는 섬세한 감성과 표정 등을 메신저 대화에서 그대로 전달하기에는 분명 한계가 있다.

문제는 이 같은 텍스트의 대화에 익숙해질 경우, 실제 대화에서 느끼는 어려움이 더 커질 수 있다는 것이다. 래리 킹은 대화의 최우선 조건을 말하는 태도라고 했다. 그의 말처럼 말하는 태도를 최적화시키기 위해서는 평소에 꾸준한 노력이 필요하다.

대화 상대와 마주하면서 최적의 대화를 이끌어가기 위해 노력하다 보면 시행착오를 겪는 과정이 자연스럽게 뒤따를 수 있다. 하지만 기술 발달로 인한 메신저 대화의 급격한 성장은 현실에서 말하는 태도를 교정할 기회를 잃어버리게 했는지도 모른다.

대화에 임하는 태도

래리 킹이 말한 '대화에 임하는 태도'는 즐거운 대화를 위해 필요한 선결 조건이다.

멀찍이 지켜볼 때, 화려한 언변의 언사처럼 보이나 실제로 만나서 대화를 나눠보면 전혀 매력을 느끼지 못하는 인사의 예를 들어보자. 이런 인사의 경우, 심지어 무례한 태도를 보이기도 한다. 특히 대화 내내 자신의 관심사만 늘어놓으며 말을 이어가고, 대화 상대가 어떤 주제로 이야기를 나누고 싶어 하는지는 전혀 고려의 대상이 아니다.

이기적인 대화를 나누는 인사와 한 번 사적인 자리를 갖고 나면, 다음번에는 어떤 핑계를 대서라도 그 자리를 갖지 말아야겠다는 결심이 단단해진다. 그러니까 아무리 타고난 말꾼이라도 상대방에 대한 최소한의 관심, 배려, 준비가 되어 있지 않다면 흥미로운 대화를 이끌어가는 데 어려움을 느낄 수밖에 없다.

바꾸어 말하면, 즐거운 대화는 애당초 타고난 말재주와는 별개의 문제일지 모른다. 예컨대 당신이 대화 상대에 대한 배려와 사전 준비가 되어 있고, 상대의 이야기를 경청하며 맞장구치는 진솔한 태도로 이야기를 이어간다면, 사람들은 당신을 한 번 더 대화하고 싶은 상대로 기억할 수밖에 없을 것이다.

방송은 불특정 다수 시청자와의 대화이기도 하다. 방송에서도 마찬가지로 대화의 태도나 노력의 중요성은 일상의 대화와 같은 방식으로 적용될 수 있다.

아침 시사 프로그램 〈김진의 돌직구쇼〉는 통상 방송 시작 두 시간 전에 대기실에 모여 사전 준비 시간을 가진다. 아침 프로의 특성상 조간신문에 실린 뉴스가 대담의 주제로 연결되기 때문에 일찍 모여서 관련 주제에 대해 공부하지 않고서는 아무리 전문가라 하더라도 새로운 소식에 대해 충분히 내용을 전달할 수 없다.

그래서 이른 아침부터 패널들이 모인 대기실은 독서실의 수험생 풍경을 방불케 한다. 8종의 조간신문 속독은 기본, 방송 시작 전까지 새롭게 업데이트된 뉴스는 없는지 스마트폰으로 뉴스를 검색하느라 다들 정신이 없다. 게다가 같은 주제를 놓고 여러 명의 패널이 대담을 나누기 때문에 다른 이들과 겹치지 않는 나만의 이야깃거리를 준비하지 않으면 대담 중 내용이 겹치는 낭패를 겪을 수도 있다.

나의 경우, 매일같이 하는 방송이라 간혹 긴장의 끈을 놓고 준비를 게을리할 때도 있는데, 그럴 때면 늘 만족스럽지 못한 대담으로 이어지곤 한다.

그저 대화를 나누는 일에 이렇게 많은 에너지를 쏟아야 하느냐고 반문하는 이가 있을지도 모르겠다. 하지만 대화가 우리 삶에 미치는 긍정적인 영향과 부정적인 영향을 두루 살펴보면, 아무런 준비 없이 맨몸으로 대화에 부딪히는 일이 얼마나 무모한지 곧 깨닫게 될 것이다.

당신이 주도적으로 즐거운 대화를 이끌어갈 수 있다면, 가족이나 친구 같은 친밀한 관계를 더욱 돈독하게 만들 수 있을 것이다. 뿐만 아니라 몸담고 있는 조직 내에서 원만한 의사소통이 가능하고, 원하는 목표를 성취하는 데 유리한 고지를 점할 수도 있을 것이다.

이런 긍정적 영향을 고려해 볼 때 대화에 충분한 시간과 에너지를 쏟는 일이 결코 노력 대비 손해 보는 일은 아니라고 확언할 수 있다.

만약 지금 당신이 대화에 어려움을 느끼고 있다면, 평소 대화에서 어떤 태도를 취하고 있는지부터 되돌아보자. 지난 대화에서 어떤 노력을 기울였는지도 곰곰이 생각해 보자.

말재주는 선천적으로 타고난 재능일지 모르나, 좋은 대화를 이끌어가는 재능은 분명 후천적인 노력으로 완성된다. '시작이 반'이라고 하지 않았던가. 즐거운 대화는 당신의 적극적인 태도 변화에서부터 시작할 수 있다.

자, 대화를 위해 한 걸음 내딛기 위한 마음의 준비가 되었는가? 그렇다면 조금 더 구체적인 방법들을 살펴보자.

양말의 대화

"오늘 정말 좋은 친구가 찾아왔다. 다행히 오늘을
기념하기 위해 '빌 클린턴 양말'을 빨아뒀다."

—조지 H. W. 부시 전 대통령의 트위터

우리에겐 아버지 부시로 익숙한 조지 H. W. 부시 전 대통령. 그
는 자신을 스스로 양말맨Sock Man이라고 부를 정도로 양말에 대
한 애정이 각별했다. 평생의 반려자였던 바버라 부시 여사의 장례
식 날에도 그는 알록달록한 색깔이 그려진 양말을 신고 나타날 정
도였다.

얼핏 생각하면 엄숙한 장례식에 어울리지 않는 양말을 신고 나
타난 그에게 예의를 논하는 이가 있을지도 모르겠다. 하지만 그는
아내를 떠나보내는 마지막 날, 양말을 통해 아내에 대한 추모 메시
지를 전하기 위해 화려한 양말을 선택했다.

부시가 신었던 양말을 자세히 보면 화려한 색으로 수놓은 책 이

미지가 있다. 부시 대통령은 양말 하나로 전 세계 사람들에게 다시금 바버라 여사를 추모하고 기억하게 했다. 내 아내가 평생 문맹 퇴치에 힘써 왔노라고 말이다.

빌 클린턴, 오바마 전 대통령도 비록 정당은 다르지만, 선배 대통령인 부시를 만날 때면 양말을 선물하면서 우정을 과시했다. 과거 빌 클린턴이 부시를 찾아왔을 때였다. 부시는 트위터에 이런 글을 남겼다.

"오늘 정말 좋은 친구가 찾아왔다. 다행히 오늘을 기념하기 위해 '빌 클린턴 양말'을 빨아뒀다."

이렇듯 부시는 클린턴 얼굴이 크게 새겨진 양말을 신고 반가움을 한껏 표하기도 했다. 부시를 만난 클린턴이 어떤 감정을 느꼈을지는 굳이 설명하지 않아도 될 것 같다.

부시는 본인의 생을 마감하는 마지막 순간에도 양말에 대한 애착을 보여주었다. 원조 양말맨이 마지막으로 선택한 양말은 '전투기 편대가 그려진 회색 양말'이었는데, 짐 맥그래스 부시 전 대통령의 대변인은 전투기 문양의 양말을 선택한 이유에 대해서 다음과 같이 설명했다.

"2차 대전 당시 18세 나이로 미 해군 조종사로 활약한 부시 전 대통령의 국가에 대한 헌신에 찬사를 바치기 위해서!"

부시 전 대통령은 양말에 새겨진 이미지를 통해서 상징적 메시지를 전하기 위해 늘 노력해 왔다. 물론 삶의 소소한 재미를 찾기 위한 목적도 포함되어 있었다는 후문도 있지만, 분명한 건 만남과 대화에서 그는 양말을 매우 시의적절한 소재로 활용했다는 것이다.

최근에는 캐나다의 젊은 지도자 트뤼도 총리가 양말 정치의 반열에 함께 올라섰다. 총리 취임 당시 첫 장관회의에서 검은색 정장에 캐나다를 상징하는 단풍 무늬 양말을 신는가 하면, 북대서양조약기구NATO 정상회담에서는 나토 깃발 무늬가 새겨진 짝짝이 양말을 신고 나타나 눈길을 끌기도 했다. 아일랜드 외무장관과 회담이 있던 날에는 양쪽 색이 다른 스타워즈 양말을 신고 나타났는데, 이날이 국제 스타워즈의 날이었기 때문이라고 한다.

젊은 지도자로 자신의 취향과 외교적 메시지를 적절히 조합한 트뤼도 총리의 양말 정치는 세계의 지성인들에게 다양한 대화의 소재거리로 활용되기도 했다.

트럼프 양말의 효과

트럼프 대통령이 미국 루이지애나주를 방문했을 때 일이다. 공항에 내린 그는 빌리 넝게서 부지사로부터 뜻밖의 영접을 받았는데 매우 기뻐하며 화색이 돈 모습이 역력했다. 넝게서 부지사가 번쩍 다리를 들어 올렸고, 그가 신은 양말이 트럼프 대통령의 이미지를 그대로 본뜬 것이었기 때문이다. 트럼프 특유의 헤어스타일을 상징하는 노란색 머리카락까지 부착된 다소 우스꽝스러운 양말이었지만, 트럼프 대통령과 주변 언론의 시선을 다 잡기에는 충분했다. 그리고 이 두 사람의 양말 대화는 미국뿐 아니라 전 세계의 시선을 사로잡았다.

때로는 백 마디 말보다, 이처럼 의미를 부여한 작은 소품 하나를 준비하는 것이 대화에 훨씬 효과적일 수 있다. 넝게서 부지사는 트럼프 대통령과 같은 공화당 소속이다. 그는 "트럼프의 방문을 환영하는 뜻에서 양말을 신게 되었다"고 SNS를 통해 튀는 양말을 신은 이유를 밝혔다. 그는 시의적절한 양말 하나를 준비함으로써 전 세계의 이목을 집중시키고, 트럼프 대통령에게 자신의 호감을 적극적으로 전달하는 소기의 목적까지 충분히 달성했으니 그야말로 가성비가 훌륭한 대화의 준비를 한 셈이다.

이렇듯 정치 지도자들이 전달하고 싶은 메시지를 위해 양말을 활용하는 건 매우 효과적인 의사소통 방법이다.

상징적인 이미지를 양말과 같은 소품에 투영시킬 수 있다면 세간의 이목을 단번에 집중시킬 수 있다. 더 나아가, 이에 대한 해석의 여지까지 열어둘 경우 더 많은 사람의 호기심을 자극할 수도 있다. 그러니 백 마디 말보다 잘 준비한 소품 하나의 힘이 더 강력할 수 있음을 분명히 기억하자. 양말처럼 작은 소품에 상징적인 의미를 부여하고, 상황에 맞게 이를 준비할 수 있다면 즐거운 대화에 유용한 도구가 될 것이다.

대화를 위한 상징과 장소

'탄광 속 카나리아'라는 말이 있다. 20세기 초, 영국의 광부들은 탄광에 들어갈 때마다 애완용 새인 카나리아와 함께했다. 산소포화도에 민감한 것으로 알려진 카나리아가 노래를 멈추면 내부 일산화탄소 농도가 심상치 않다는 징조였기 때문에 광부들은 즉시 작업을 멈추고 밖으로 나올 수 있었다. 이후 카나리아는 각종 위기를 미리 알려주는 징조의 상징으로 자리매김했다.

현재 심각한 경제 위기 상황이라고 주장하는 정치인을 한번 상상해 보자. 그가 각종 지표를 설명하면서 현재 경제가 처한 위기를 설파하는 것보다, 때로는 카나리아 한 마리와 함께 대중 앞에 모습을 드러내는 게 더 효과적일 수 있다.

이 경우, 대중은 왜 이 정치인이 카나리아를 데리고 나왔는지 한 번 더 관심을 가질 것이며, 카나리아의 유래에 대해서 언론은 추가적인 설명을 보탤 것이다. 단순히 사람에 의해 길러진 애완용 새로 카나리아를 보기보다, 현재의 위험을 미리 경고하는 '상징'으로 카나리아를 바라본다면, 메시지 전달은 정확히 성공한 셈이다.

대화가 진행되는 '장소'도 소품 못지않게 다양한 의미 부여가 가능하다. 2018년 4월, 세계 유일의 분단 국가인 한반도에서 남북 정상이 단독회담을 가졌다. 군사분계선을 사이에 두고 유엔군과 북한군이 대치하고 있는 바로 그 판문점에서 남북 정상이 만났으니 오랜 분단의 역사를 뛰어넘어 '평화'라는 메시지를 발신하기에 충분했다.

세계의 이목이 한반도에 집중된 그날, 판문점을 산책하던 양 정상이 도보다리 끝 벤치에 앉아서 예정에 없던 대화를 약 30분 넘게 이어갔다. 들리는 건 오로지 새소리밖에 없는 공간에서 배석자 없이 진지한 이야기를 나누는 두 정상의 모습을 지켜보면서 실제 나누었던 대화의 내용이 무엇이든 간에 사람들은 많은 상상을 하게 되었다. 도보다리 회담은 대화에서 공간이 지닌 상징적 의미를 보여주는 대표적인 사례로 볼 수 있다.

하지만 정반대로 공간의 상징성을 충분히 고려하지 않아서 대화와 관계를 악화시킨 예도 있다. 과거 노무현 전 대통령은 고이즈미 총리와 일본 가고시마에서 정상회담을 가졌는데, 이곳이 과거 조선 침략론인 '정한론'의 발상지였기 때문에 역사적 문제를 두고 논란이 뜨거웠다. 결국 회담은 했지만, 일본 측이 추진한 온천 환담 등 일부 일정은 우리 측 거부로 성사되지 않았다. 장소가 상징하는 의미가 그만큼 컸기 때문이다.

몇 해 전 일본 오사카에서 열린 G20 정상회의에서도 비슷한 상황이 연출될 뻔했다. 주요국 정상이 모인 G20 회의를 마친 뒤, 기념촬영을 오사카성에서 가진다는 보도가 있었다. 그런데 이곳 오사카성은 잘 알려진 것처럼 임진왜란을 일으킨 도요토미 히데요시가 권력을 과시하기 위해 10만 명을 동원해 지은 공간이기 때문에 우리에게는 매우 불편한 상징으로 기억되는 곳이다.

이런 이유로, 한때 일본 아사히 신문은 '침략자 히데요시가 살던 성…… 걱정되는 한국의 반응'이라는 제목의 기사를 싣기도 했다. 결국 각종 우려 때문인지 오사카성이 최종 촬영장소로 낙점되지는 않았다. 하지만 이런 논의가 진행되었다는 사실만으로도 주변국들을 충분히 고려하지 않은 처사라 따가운 지적이 이어진 건 당연해 보인다.

즐거운 대화를 원한다면 대화 상대를 배려하기 위한 노력이 우선시되어야 한다. 무언가 커다란 노력을 바라는 것이 아니다. 상대에 대한 작은 배려가 있을 때, 대화는 긍정적인 방향으로 흘러갈 수 있을 것이다.

　대화에 꼭 어울리는 상징적인 공간을 찾아보자. 대화에 어울리는 장소 하나로도 이야깃거리는 넘쳐난다. 더불어 풍성한 대화를 이끌어가기 위한 작은 소품도 하나 준비해 보자. 양말 하나로도 얼마든지 많은 이야기를 풀어낼 수 있음을 함께 확인했으니 말이다.

대통령과의 대화는 즐거울 수 있을까

"이쯤 되면 막 하자는 거지요. 우선 이리되면
양보 없는 토론을 할 수밖에 없습니다."

—고 노무현 전 대통령의 토론 중에서

2003년 노무현 전 대통령의 취임 직후 열린 '평검사와의 대화'에서 나왔던 이 발언은 이후 개그 프로에서 패러디되고 성대모사를 할 정도로 전 국민에게 널리 회자되었다.

노 전 대통령은 취임 초기, 검찰 개혁에 대한 강한 의지를 보였다. 그리고 이런 추진동력으로 젊은 평검사들의 지지를 얻어내기 위해 생방송으로 중계되는 공개 토론 자리를 마련한 것이다.

그런데 실제 토론회는 노 전 대통령의 예상과는 전혀 다른 상황으로 전개되었다. 막상 토론이 진행되고 나니 당초 예상했던 검찰 개혁 관련 논의보다 인사 문제에 관한 공방이 뜨거웠던 것이다. 토론의 압권은 당시 수원지검에 근무했던 김영종 검사가 대통령에게 건넨 질문이었다.

"대통령에 취임하시기 전에 부산동부지청장에게 청탁 전화를 하신 적이 있습니다. 그것은 뇌물 사건과 관련해서 잘 좀 처리해달라는 것이었는데요, 그때는 왜 검찰에 전화하셨습니까. 그것이 바로 검찰의 정치적 중립성을 훼손하는 발언이었다고 생각하지 않으십니까."

그리고 노 전 대통령은 이런 질문에 대해 다음과 같이 응수했다.

"이쯤 되면 막 하자는 거지요. 우선 이리되면 양보 없는 토론을 할 수밖에 없습니다."

당시 민정수석이었던 문재인 대통령은 훗날 자서전에서 "이건 목불인견이었다"라며 당시 검사들의 토론 태도에 강한 불만을 나타내기도 했다. 검찰 개혁 동력을 확보하기 위해 평검사들과 계급장을 떼고 대화를 하겠다는 노 전 대통령의 의도와는 달리 눈살 찌푸리는 장면을 연출한 채 토론은 끝이 났다. 이는 계급장을 뗀 토론이 현실적으로 쉽지 않다는 것을 다시금 일깨워주었다.

실제 노 전 대통령을 잘 아는 지인들은 그가 평소에 격의 없는 토론을 즐겼다고 입을 모아 이야기한다. 이른바 계급장을 뗀 토론을 즐겼던 노 전 대통령이 검사와의 대화에서는 왜 다른 모습을 보였던 것일까. 그 차이는 상호 신뢰의 부족에서 비롯되었을 것이다. 당시 토론에서 한 검사는 다음과 같은 질문을 던졌는데, 이는 애초부터 그들이 대통령과의 대화를 계급장을 뗀 토론의 장으로 인식하지 않았음을 보여준다.

"대통령께서는 토론의 달인입니다. 저희들은 토론과는 익숙지 않은, 그야말로 아마추어들입니다. 토론을 통하여 검사들을 제압하시겠다면 이 토론은 좀 무의미하지 않습니까?"

아마도 검사들은 이미 결론은 정해져 있으며, 그 자리가 토론의 형식을 빌린 검찰에 대한 또 다른 방식의 위협이라고 생각했던 것 같다.

노 전 대통령이 청와대 경내에서 참모들과 토론했던 것처럼 평검사들과도 상호 신뢰를 바탕으로 격의 없이 토론할 수 있었다면 결과는 어땠을까. 적어도 생방송으로 중계했던 팽팽한 갈등의 양상이 아니라 조금 더 부드러운 분위기에서 깊이 있는 대화가 오갔을 것이 분명하다.

동심 파괴 대통령의 대화법

대화의 문을 닫아버리는 지도자도 문제지만 모두의 예상을 깬 채 독특한 대화 방식을 이어가는 대통령은 더 큰 골칫거리다. 트럼프 대통령은 크리스마스를 앞두고 어린아이와의 통화에서 동심을 파괴하는 대화로 전 세계인의 빈축을 산 적이 있다.

미국 콜로라도주에 있는 북미항공우주방위사령부NORAD는 1955년부터 산타 추적을 시작했다. 산타와 가상으로 전화하는 행사를 기획한 백화점에서 전화번호를 사령부의 것으로 잘못 기재해 아이들의 전화가 걸려온 것이 계기가 되었는데, 사령부의 해리 숍 대령은 아이들의 동심을 지켜주기 위해 가상의 산타 위치를 알려주었고, 이후 산타 위치 추적은 그들의 특별한 전통으로 자리 잡았다. 그리고 역대 미국 대통령과 영부인도 이 행사에 동참하곤 했다.

트럼프 대통령도 전통에 따라 가상의 산타로 전화 연결에 나섰다. 그 대상은 일곱 살의 콜먼이라는 어린이였는데, 트럼프는 이렇게 동심 파괴 질문을 건넸다.

"너는 아직도 산타를 믿니?"
"네, 대통령님."

콜먼은 천진난만한 대답을 했지만, 트럼프는 이렇게 재차 되물었다.

"일곱 살이면 산타를 그만 믿을 때가 된 거 아니니?"

콜먼은 대통령과 통화를 마치고 난 뒤, 산타클로스가 다녀가는 사이 배고프지 않게 산타의 간식으로 우유와 초콜릿을 남겨두었다고 이야기하면서 오히려 짓궂은 질문을 한 트럼프 대통령을 머쓱하게 만들기도 했다. 이처럼 트럼프는 전임자라면 상상도 할 수 없는 기괴한 말과 행동을 때와 장소를 가리지 않고 이어가서 여러 사람을 혼란스럽게 만들었다.

과거에도 트럼프는 자신을 비난한 이들에게 트위터로 혐오성 막말을 쏟아낸 바 있다. 그 대상은 여성과 아동, 인종을 가리지 않았다. 실제로 트위터 측은 대통령의 트윗이 기록적 가치를 가지고 있을지라도 인종차별 등 혐오성 발언에 대해서는 '주의' 표시를 해야 한다는 사안을 검토하고 있을 정도이니 그의 대화가 얼마나 심각한 수준에 이르렀는지 보여주는 단적인 예가 아닐까 싶다.

그러니 순수한 어린아이의 동심을 파괴한 트럼프 대통령의 전화 통화는 이미 이때부터 예견된 일이었는지도 모른다.

그래서 계급장 뗀 대화가 가능할까?

국내외 여러 대통령의 사례를 떠올리면서, 과연 최고 권력을 지닌 그들과 격의 없는 수평적 대화가 가능할 수 있을까 생각해보았다. 앞서 살펴본 바와 같이, 토론과 소통에 능하다는 대통령조차도 다른 생각을 편견 없이 받아들이는 토론은 정말 어렵다. 수시로 트위터로 소통하는 미국의 한 대통령은 하지 말아야 할 이야기를 어린아이에게 쏟아내며 동심을 파괴하기도 했다.

토론과 소통에 능하지 않았던 대통령은 결국 소통의 문제로 발목을 잡혀 새드엔딩으로 정치를 마감하는 경우도 있다. 물론 평범한 우리 일상에서 대통령과 대화나 토론을 하게 될 가능성은 희박할 것이다.

그런데도 굳이 이런 상상을 해보는 이유는 간단하다. 비단 대통령이 아닐지라도 우리는 다른 형태의 권력을 가지고 있는 이들과 대화를 해야 할 상황에 상시 놓여 있기 때문이다. 때로는 우리 자신이 대화 상대와의 관계에서 권력 우위에 놓일 때도 있다.

대면보고 논란처럼 상명하복 문화에 익숙한 권위주의 시대의 유산은 우리의 대화에서도 아직 곳곳에 남아 있다. 주위를 둘러보면 평사원들과 격의 없이 대화하고 토론하는 일에 어색해하는 간부들이 여전히 주를 이루고 있다. 게다가 격의 없는 소통을 강조하면서도 부하직원이 자기 생각과 다르거나 비판적인 말을 하면 불편한 심기를 온몸으로 드러내면서 귀를 닫아버리는 상급자의 모습 역시 수없이 봐오지 않았던가.

대화는 두 사람 이상이 만나서 서로 이야기를 주고받는 행위이다. 이런 대화의 상대는 오랜 친구처럼 수평적 관계일 수도 있지만, 나이 또는 직위 등에서 차이가 나는 수직적 관계일 수도 있다.

그런데 두 가지 경우 모두, 상대가 누구든 한 사람의 노력만으로는 모두가 즐거운 대화를 만들 수 없다. 그리고 수직적 관계에서 이뤄지는 대화일수록 이런 어려움은 더 크게 나타난다. 만약 당신이 대화의 상대보다 높은 지위에 있다면, 권위적인 모습에서 탈피하기 위해 적극적으로 노력해야 한다. 상대방의 말을 충분히 듣고 소통할 준비가 되어 있음을 분명히 확인시켜 줄 필요도 있다.

이와 반대의 경우에 있을지라도 위축되지 말고 상대방을 신뢰하는 태도로 솔직하고 즐겁게 대화를 나눠보자. 서로가 존중하며 함께 격의 없는 대화를 만들어간다면, 어쩌면 대통령과의 대화도 즐거울 수 있지 않을까? '존중'과 '신뢰'가 바탕이 될 때 어떤 관계에서도 즐거운 대화를 이어갈 수 있다.

말 못하는 아기와 대화하는 방법

"충분한 '관찰', 그리고 꾸준한 '관심'을 가진다면
말 못하는 아기와도 얼마든지 의사소통이 가능할 수 있다."

—다둥이 아빠, 나의 육아일기 중에서

2013년 겨울 1.9kg, 2.4kg의 쌍둥이 딸이 태어났다. 조기 출산한 탓에 작게 태어난 아기들은 엄마 젖을 채 물지도 못할 정도로 힘들어했다. 곤히 잠든 아기를 처음 안아보는 기쁨도 잠시, 아기의 울음소리와 함께 정신이 번쩍 들었다. 그 작은 체구에서 어떻게 그리 큰 울음소리가 나올 수 있는지 지금도 의문이다. 그나마 산후조리원에 있을 때는 산후관리사 선생님들의 도움으로 한숨 돌렸지만, 퇴원 이후 집으로 돌아와 온전히 아내와 나, 그리고 쌍둥이 아기들만 덩그러니 있었던 그 날은 정말이지 절망적이었다.

한 아이가 울음보를 터뜨리니 옆에서 약속한 듯 따라 울기 시작했다. 배고플까 싶어 젖을 물려 봤으나 그래도 울고, 안아달라는 건가 싶어 안아줘 봤지만 그래도 울고, 자장가를 불러주며 재워 보기도 하고 기저귀를 갈아줘도 봤지만, 두 아이는 더 목청을 높여 울었다. 울다 지쳐 겨우 한 아이가 잠들고, 이제 조금 쉴까 싶으면 얼마 뒤 다른 아이가 다시 울기를 반복했다.

임신 때부터 아내와 정독했던 온갖 육아서적은 실전 앞에 무용 지물이었다. 군에 입대해서 자대 배치를 받은 뒤, 이등병 신분으로 한겨울 혹한기 훈련에 나가 벌벌 떨었던 스물한 살 겨울이 나의 평생 가장 힘든 기억이었는데, 쌍둥이 육아는 이미 그 강도를 훌쩍 넘어섰다.

사람은 적응의 동물이라고 했던가. 처음에는 아기들이 무엇을 원하는지 파악하기가 무척이나 어려웠지만 결국 시간이 약이었다. 몇 달 녀석들을 관찰하고 세심히 살피다 보니 우는 소리, 떼쓰는 자세만 봐도 무엇이 필요하다고 말하는지 알 것 같았다. 이후 아기들이 우는 빈도는 점점 줄어들었고, 몇 년 뒤 셋째가 태어났을 때는 이미 시행착오를 충분히 겪은 뒤라 아기가 불편해하지 않도록 능숙하게 돌볼 수 있었다.

육아와의 전쟁을 치르며 얻게 된 교훈은 '말 못하는 아기와 대화할 수 있다'는 것이다. 본능적으로 몸부림치며 우는 갓난아기부터 돌 무렵을 지나 말은 못하지만 자신의 의사 표현만큼은 분명한 아기에 이르기까지, 우리는 관심과 노력을 통해 의사소통을 할 수 있다.

물론 이 같은 '아기와의 대화'는 우리의 일상 대화보다 훨씬 더 세밀한 노력이 필요하다. 그런데 아기와 대화하기 위해서 애를 쓰던 내 모습을 돌아보니, 문득 평소 다른 사람들과 나누던 대화의 모습이 떠올랐다.

'아기와 의사소통하기 위해 기울였던 관심, 노력의 일부분만이라도 평소의 대화에 쏟았더라면 어땠을까.'

이런 생각이 들었다. 평소 대화에서 불편함을 겪을 때면, 상대가 왜 이렇게 언짢은 말을 하는지 생각하기 전에 '대화에 문제가 있는 사람'이라며 아예 대화의 문을 닫아버리는 가장 쉬운 길을 선택하기 쉽다.

그러나 상대의 대화법을 탓하기 전에, 왜 그 사람이 이런 말을 했는지 한 번 더 곱씹어보면 대화의 간극이 벌어지게 된 이유를 찾을 수 있을 것이다. 아기가 우는 이유를 찾기 위해 면밀히 살폈던 관심과 노력의 일부만이라도 대화에 적용할 수 있다면 말이다.

'관찰'의 힘

아기와 대화하기 위해 필요한 첫 번째 조건은 '관찰'이다. 아기는 분명 무언가 불편한 상황에 놓였을 때 울음을 터뜨린다. 배가 고프거나 졸릴 때, 기저귀에 대소변을 누었을 때, 생활하는 공간의 온도나 습도가 맞지 않을 때 등 그 이유는 매우 다양하다.

그런데 아기가 불편한 점이 무엇인지 세심하게 관찰하지 않은 채 안고 달래는 데 급급하면, 아기가 일시적으로 울음을 그칠지는 모르지만 다시 목청 높여 더 크게 울음을 터뜨릴 가능성이 크다. 근본적으로 무엇이 불편한지 확인하고, 이를 해소시켜 줄 수 있을 때만 평온이 찾아올 수 있다.

말이야 쉽지, 처음부터 아기가 우는 이유를 바로 찾아내기란 정말 어려운 일이다. 하지만 사람의 행동도 익숙한 패턴이 있는 것처럼, 아기의 행동에는 더 규칙적인 패턴이 존재한다. 지속적인 관찰을 통해 아기가 우는 패턴을 확인하게 된다면, 다음번에는 아기의 표정이나 행동만으로도 우는 이유를 더 빨리 파악한 뒤, 그 불편함을 쉽게 해소시켜 줄 수 있다.

일상의 대화 역시 상대에 대한 '관찰'이 무척 중요하다. 누군가를 처음 만나 대화했던 경험을 떠올려보자. 대화 상대에 대해서 최소한의 정보를 인지하고 있는 경우와 그렇지 않은 경우, 대화의 분위기는 어떻게 다를까.

얼마 전에는 아는 지인이 모임에 초대해서 전혀 모르는 여러 명의 사람과 함께 앉아 대화를 나눌 기회가 있었다. 연예인도 있었고, 얼굴을 보거나 이름을 들으면 '아, 그 사람' 할 정도로 대중에게 널리 알려진 인사들이었다. 그들은 정치나 시사에 큰관심이 없는 것 같았다. 나와 악수하면서, "아, TV에서 본 적 있어요"라고 인사말을 건넸지만, 정확히 무슨 프로그램에 출연했고 어떤 평론을 하는지는 전혀 알지 못했다.

이후 대화의 접점을 찾기는 매우 어려웠다. 사실 중간에 아무런 정보를 주지 않고 자리에 오라고 연락한 지인이 못내 아쉽기도 했다. 만약 서로에게 이런 사람과 함께 자리할 것이라는 최소한의 정보를 건넸다면, 그가 하고 있는 일이 무엇인지, 혹은 최근의 근황에 대해 기초적인 검색 정도는 하고 나왔을 것이다. 그리고 이를 바탕으로 대화를 이어갔다면 훨씬 풍성한 이야기를 나눌 수 있었을 텐데 하는 아쉬움이 남았다.

즐거운 대화를 이어가기 위해서는 서로의 관심사를 공유하고, 이에 대해서 이야기를 좁혀갈 필요가 있다. 그렇기 때문에 최소한의 정보를 미리 확인하고 대화를 나눌 때와 그렇지 않을 때 대화의 분위기는 180도 달라질 수 있다.

오랜만에 지인을 만나 대화를 나눈다면 약속 시간 전에 약간의 시간을 할애하여 지인의 카카오톡 프로필 사진에 변화는 없는지, 최근에 업데이트된 SNS 내용은 무엇인지, 신상에 특별한 변화는 없는지 미리 관찰해 보자. 그리고 관찰을 바탕으로 얻은 정보를 대화의 주제로 건네보자.

관심에 바탕을 둔 질문을 건넨다면 대화 상대가 누구든지 간에 호감어린 시선으로 기꺼이 대화를 이어가려 할 것이다. 긍정적인 인식을 바탕에 둔 채 대화의 문이 열리면, 남은 대화는 어떤 주제로 이야기를 나누건 훨씬 더 부드럽게 이어갈 수 있다.

'분위기'를 바꿔보자

아기와 대화하기 위해 필요한 두 번째 조건은 '분위기 환기'이다. 신생아와 대화하는 것보다 조금 더 힘든 상대는 떼쓰고 우는 아이와의 대화다. 신생아는 생리적 불편을 해소해 주면대 부분 울음을 그친다. 하지만 두어 살 이상 된 떼쓰는 아이의 경우는 문제가 좀 더 복잡하다.

무작정 고집을 피우는 방식으로 의사 표현을 하기 때문에 달래기 쉽지 않을뿐더러, 떼를 쓰는 타이밍도 부모가 요구를 들어주기 어려운 상황일 때가 많다.

예를 들어 장난감 가게 앞에서 장난감을 사달라고 주저앉아 버리거나, 휴대전화로 계속 동영상을 보겠다고 떼쓰는 경우는 거의 모든 부모가 경험하는 일이다. 하지만 무작정 아이를 혼낸다고 해서 상황이 나아지지는 않는다. 그렇다고 떼쓰는 아이의 요구를 무

조건 들어줄 수도 없는 노릇이다.

　이처럼 아이가 원하는 욕구를 당장 만족시켜 줄 수 없다면 차라리 다른 것으로 아이의 관심을 돌리는 방법이 효과적일 수 있다. 아이가 평소에 좋아하는 몇 가지를 기억해 두었다가 떼쓸 때 얼른 아이가 좋아하는 다른 쪽으로 관심을 돌린다면, 분위기가 바뀌어 아이를 손쉽게 달랠 수 있다.

　일상의 대화에서도 '분위기 환기'는 가장 나쁜 상황으로 대화가 전개되는 것을 막아준다. 만약 대화 중에 상대가 자신의 입장만 고집하거나 순간의 기분을 추스르지 못하고 감정적으로 대응할 경우 자연스럽게 다른 주제를 꺼내 분위기를 환기시켜 보자. 적절한 이슈 전환으로 갈등 상황을 벗어나게 되면 서로가 기분 상하지 않으면서도 편안한 대화로 이어갈 수 있다.

　아무리 친한 사이라 해도 정치나 종교에 대한 이야기는 깊게 들어가지 않는 편이 낫다. 대화 중 갈등을 빚는 상황으로 연결될 가능성이 높기 때문이다. 하지만 어쩔 수 없이 관련 주제로 대화하다 상황이 어색해졌다면, 평소 상대방이 흥미 있어 하는 주제로 화제를 전환하는 것이 바람직하다. 그래서 사전에 상대의 흥미를 파악해 두는 것이 대화에 큰 도움이 된다.

참을 인忍자, 세 번

아기와 대화하기 위해 필요한 세 번째 조건은 '인내'다. 가끔 다중이용시설에서 아이와 함께 외출한 부모가 화를 참지 못해 소리를 버럭 지르면 주변에서 지켜보는 이들까지 민망하고 걱정스러워진다. 물론 나도 내 생각과 반대되는 행동을 하는 아이 때문에 머리끝까지 화가 났던 경험이 많다. 하지만 화를 거르지 않고 그대로 아이에게 표출하면 문제가 해결되기보다는 아이와 감정의 골만 깊어지게 된다.

쉽지 않겠지만 육아가 내 뜻대로 되지 않는다고 화를 내는 것은 별 도움이 안 된다는 사실을 꼭 기억하자. 감정을 내려놓고 한 걸음 떨어져서 아이를 바라보면 굳이 소리를 높여 화를 낼 일이 아닐 때도 많다. 화도, 인내도 습관에 좌우되는데, 되도록 인내하는 습관을 갖는 것이 아이와 소통하고 신뢰를 쌓는 데 도움이 된다.

대화에서 '인내'는 조금 다른 방식으로 적용될 수 있다. 아이와 대화하기 위해 인내하고 수양을 거듭한 이들이라면 타인과의 대화에서 약간의 지루함을 견디는 일쯤이야 대수롭지 않을 것이다.

하지만 세밀하게 관찰해 보면 대화 중 상대의 말에 집중하지 못하는 경우가 의외로 많다. 대표적인 예가 상대와 대화 중에 스마트폰을 확인하는 행동이다. 긴급하게 대응해야 할 상황이 아님에도 불구하고 습관적으로 핸드폰을 들여다보거나, 심하게는 다른 관심사를 검색하는 경우도 있다.

특히 여럿이서 대화를 나눌 때 이런 행동이 더 빈번하게 나타나는데, 대화 상대가 다수이니 나 하나쯤 '딴짓'을 해도 크게 문제가 없을 거라는 생각에서 하는 행동일 테지만 대화를 주도하는 입장에서 볼 때는 결코 유쾌한 일이 아니다.

상대가 하는 말이 지루하고 흥미가 떨어지는 주제라 할지라도 다른 관심사는 잠시 접어두고 온전히 대화에 집중하는 인내를 가져보자. 누군가 나의 말에 초롱초롱한 눈으로 관심을 보인다면 대화를 마치고 난 뒤 그 사람의 표정이 오래 기억에 남을 것이다.

아주 혹시 넷째가 생겨서 다시 육아와의 전쟁을 치르라고 한다면 여전히 어려움을 호소할 것 같다. 하지만 분명한 것은 첫째와 둘째보다는 셋째가 수월했고, 아마도 넷째의 경우에는 조금 더 편안하게 아기와 소통할 수 있으리라는 확신이 있다.

내가 아기와 의사소통하며 경험한 대화의 방법은 다른 이들과의 대화를 좀 더 수월하게 만드는 데 큰 도움을 주었다. 육아와의 사투를 경험한 이들이라면 그 경험을 일상의 대화에서 활용해 보자. 서로가 즐거운 대화를 만들어갈 수 있을 뿐 아니라, 상대방에게 센스 있는 사람으로도 기억될 것이다.

어느 정치인의 대화법

"이 버스에 타시는 분들은 새벽 3시에 일어나서 새벽 5시 반이면 직장인 강남의 빌딩에 출근해야 하는 분들입니다. 지하철이 안 다니는 시각이기 때문에 이 버스를 탑니다. (중략) 이분들은 태어날 때부터 이름이 있었지만, 그 이름으로 불리지 않습니다. 그냥 아주머니입니다. 그냥 청소하는 미화원일 뿐입니다. 한 달에 85만 원 받는 이분들이야말로 투명 인간입니다. 존재하되 그 존재를 우리가 느끼지 못하고 함께 살아가는 분들입니다."

—고 노회찬 의원의 연설 중에서

2012년 진보정의당 공동대표의 수락 연설이었다. 노회찬 전 의원은 이 자리에서 6411번 버스 이야기를 연단에 올렸다. 우리 주변에서 항상 볼 수 있지만 아무도 관심을 두지 않았던 청소 노동자들, 그런 비정규직 노동자들의 삶을 이야기하기 위해서였다.

새벽 버스의 고단함, 그리고 이름 없는 노동자의 현실에 대해서 더 무슨 말이 필요할까 싶을 정도로 메시지는 간결했다. 그래서 이 연설을 듣고 있노라면 정치적 성향과 관계없이 울컥한 마음으로 노동자들의 삶에 대해 다시금 생각해 보게 된다.

그는 연설에서 이렇게 이어 말했다.

"이분들의 손에 닿는 거리에 우리는 없었습니다. 이분들이 냄새 맡을 수 있고, 손에 잡을 수 있는 곳으로 이 당을 여러분과 함께 가져가고자 합니다."

그는 과거에도 거대 양당을 향해 '초록은 동색'이라고 날 선 비판을 아끼지 않았다. 안타깝게도 그가 고인이 되고 난 뒤, 영결식을 통해 다시 회자된 이 연설은 이후 대중에게 더 널리 알려지게 되었다. 하지만 그가 남긴 말과 달리 고된 노동자들의 손에 닿는 거리에서 냄새 맡을 수 있는 정치는 점점 요원한 듯 보여, 이 연설을 돌아보는 내내 다시금 가슴이 먹먹해진다.

고 노회찬 전 의원과의 만남

2018년 여름, 그가 세상을 떠나기 얼마 전, 방송 일 때문에 그를 가까이 접할 기회가 있었다. 만남은 tvN의 특집 프로그램 〈토론 대첩〉 촬영 과정에서 이루어졌다. 토론에 일가견이 있는 20대 청년 대표들을 선발해서 실제 토론 고수를 찾아가 이른바 도장 깨기를 시도한다는 설정의 방송이었다.

당시 나는 멘토 역할로 청년들의 토론 지도를 담당했다. 실제 토론 대전을 앞두고 청년들의 실전 경험을 위해서 대역을 담당할 여러 토론 고수들을 초청했는데, 이런 요청을 노 전 의원이 흔쾌히 수락한 것이다. 그리고 초청에 응해 준 그는 청년들과 열띤 모의 토론 대결을 벌였다. 내가 이 토론의 사회를 맡았기 때문에 실제 방영되지 않는 공간에서도 최선을 다했던 그의 모습을 생생히 지켜볼 수 있었다.

비록 짧은 시간이었지만 노 전 의원은 토론에 참여했던 청년 한 명 한 명의 모습을 유심히 관찰하면서 독보적인 유머와 촌철살인 비유에 대해서도 어떻게 활용하면 좋을지 조언을 아끼지 않았다. 승패를 겨루는 토론 말미에는 손수건을 던지면서 청년들에게 기꺼이 기권패를 선언해 주는 배려를 보여주기도 했다.

노 전 의원과는 서로 브라운관 화면을 통해서야 여러 차례 보았겠지만, 직접 대면해서 이야기를 나눈 건 처음이었다. 비록 짧은 만남이었으나, 토론 사회를 마친 나에게 "보석 같은 목소리를 가졌다"라며 낯 뜨거운 칭찬을 건네기도 했다. 저녁 9시가 넘어 무척 피곤할 시각인데도 전혀 흔들림 없이 청년들과 웃고 대화하던 그의 모습을 지켜보면서, 사람을 대하는 '진심'이 그의 대화를 빛나게 하는 본질이라는 생각이 들었다.

촌철살인 한 마디

"50년 동안 썩은 판을 이제 갈아야 합니다. 50년 동안 똑같은 판에다 삼겹살 구워 먹으면 고기가 시커메집니다. 판을 갈 때가 이제 왔습니다."

노회찬 전 의원은 2004년 비례대표로 처음 국회에 입성했다. 그는 총선 직전에 열린 TV 토론회에서 '삼겹살 불판'에 한국 정치를 비유했는데, 특유의 입담을 과시하며 세간의 주목을 한 몸에 받게 되었다.

당시 노 전 의원이 소속된 민주노동당은 정당 득표율 13.1%를 기록, 지역구 의원을 포함하여 총 열 명의 국회의원 당선자를 배출했다. 김종필 총재가 이끌던 자민련의 정당 득표율이 2.9%에 불과했던 결과에 비추어보면 진보정당에 투표한 시민들의 기대가 얼마나 컸는지 한눈에 볼 수 있는 대목이기도 하다.

이에 따라 10선의 고지를 밟지 못했던 보수 정객 김종필의 퇴장과 함께 노동운동가 출신 노회찬이 한국 정치에 화려하게 등장했다는 소식이 당시 뉴스를 장식하기도 했다.

그가 구사하는 촌철살인 화법의 핵심은 대중과의 '공감'에 있었다. '언어의 연금술사'라는 수식어가 늘 따라다닐 만큼 쉬운 대중의 언어로 사람의 마음을 얻을 줄 알았던 정치인.

노 전 의원이 한국 정치사에 남긴 화려한 어록의 중심에는 늘 평범한 사람들이 있었다. 평범한 이들의 마음을 그들의 언어로 표현하면서 한국 사회의 어두운 단면을 꼬집고 변화를 갈망했다. 그리고 그는 촌철살인 화법의 비결을 묻는 말에 이런 대답을 남겼다.

"내가 한 말은 다 남이 한 말이다."

세상 모든 일에 관심 두기

사람의 마음을 움직일 수 있는 대화의 비결은 타인에 대한 관심에서 찾을 수 있다. 하지만 이런 관심은 어느 한순간에 이뤄지는 것이 아니다. 노 전 의원은 그의 촌철살인 비법에 대해서 생전에 인터뷰를 통해 살짝 귀띔한 적이 있다. 그 비결은 바로 관심과 기록의 힘이었다.

그는 휴대전화로 틈틈이 뉴스나 자료를 보다가 중요한 내용을 발견하면 에버노트 앱을 활용해 갈무리했다고 한다. 그렇게 정치·경제·사회·문화 등 다방면으로 관리하는 이슈 폴더가 무려 100여 개에 달해서, "리마인드할 만한 내용이면 100여 개의 주제 속에 편

입시키고 해당 주제의 최신 뉴스, 주요 뉴스를 망라하고 있다"고 말했다.

방송에서 매일 정치와 시사를 평론하는 게 업인 나에게 이야기의 재료가 무엇이냐고 묻는다면 그와 마찬가지의 대답을 할 수 있을 것 같다. 세상 일들은 서로 얽히고설켜 연결이 되어 있다. 그리고 비슷한 일은 언젠가 반드시 반복되어 나타나기 마련이다. 지금은 현재의 뉴스지만 훗날 시간이 흐른 뒤에는 과거에 벌어진 중요한 역사가 되기도 한다.

따라서 이렇게 정리한 기록이 합쳐지고 연결되면, 어떤 주제가 나오더라도 그 안에서 함의를 찾으며 대화를 이어갈 힘이 생긴다. 노 전 의원 역시 촌철살인에 대한 질문에서 사안의 본질을 파악하는 것이 중요하다며 다음과 같이 언급한 적이 있다.

"그거 없이 표현만 가지고는 아무것도 안 된다. 인위적인 냄새가 나면 전달 효과가 적다."

누구나 할 수 있는 말처럼 쉬워 보이지만, 그 이면에는 꾸준히 세상 모든 일에 관심을 가지고 정리했던 기록과 이를 연결하기 위한 노력이 있었다.

가끔 방송에서 정치인들의 토론을 보고 있노라면 문득 그가 남겼던 촌철살인의 대화들이 그리울 때가 있다. 대화에서 타인과 눈높이를 맞추려던 노력, 세상 모든 일에 관심을 두고 꾸준히 공부해온 기록, 변화에 대한 갈망과 이를 표현하기 위한 진심, 너무 진지하게 굳어진 분위기를 유연하게 만들어주던 위트, 그리고 대중과 공감할 수 있는 촌철살인의 한 마디. 대중과 공감할 수 있는 대화를 꿈꾸는 이들이라면 오래된 그의 이야기들을 다시 한번 들어보았으면 한다.

세상에서 가장 짧은 대화

> "절대 포기하지 말라. 절대로, 절대로, 절대로, 절대로 '포기'를
> 받아들이지 말라Never, never, never, never give up."
>
> —1941년, 윈스턴 처칠의 옥스퍼드 대학 졸업 축사

제2차 세계대전이 한창이던 1941년, 윈스턴 처칠은 옥스퍼드 대학에서 졸업 축사의 연사로 나섰다. 그리고 '절대Never'라는 단어를 수 차례 반복하면서, 절대 포기하지 말 것을 주문하면서 아마도 역사상 가장 짧은 졸업식 축사를 마치고 연단에서 내려왔다.

"나치 폭격기 7백여 대가 하루 내내 런던 상공을 뒤덮어 민간인 사망자만 한 달 6천 명 돌파. U보트에 의해 침몰된 상선 숫자 급상승 커브."

1940년 10월, 처칠은 끔찍한 영국의 전쟁 상황을 보고받았다.

영국이 처한 전쟁 위기 속에서 그는 졸업식 축사를 통해 영국민뿐 아니라 연합군에 새로운 희망과 도전을 전해 주었다.

당시에 영국 총리로 할 수 있는, 그리고 꼭 해야만 하는 메시지를 짧은 단어로 함축시켜 전달한 명연설이기에 그의 말은 지금도 위기를 극복하기 위한 의지의 표현으로 전 세계에 회자되곤 한다.

처칠은 어린 시절 말을 더듬는 언어장애로 친구들에게 놀림을 받았다. 그런 그가 훗날 전 세계에 울림을 주는 명연설가로 변모할 수 있었던 건 위기와 어려움을 이겨내기 위한 진심과 용기가 연설에 고스란히 담겨 있기 때문일 것이다.

미국의 기념비적인 연설로 알려진 링컨의 게티스버그 연설에 걸린 시간 역시 약 2분에 불과했다. 세계적인 연설에 짧은 메시지가 큰 의미를 지녔던 것처럼 우리의 일상 대화 역시 간결한 메시지를 전달할 때 더 큰 효과를 보는 경우가 많다.

'60초 스피치'의 중요성

"마지막으로 한 말씀 짧게 부탁드립니다."

방송 대담에 출연하다 보면 사회자가 진행 말미에 꼭 이런 질문을 건네곤 한다. 한 가지 주제에 대해서 여러 각도로 토론하는 건

자기 생각을 논리정연하게 전달하면 되기에 크게 어렵지 않다.

하지만 마지막으로 한 마디, 그것도 짧게 정리해 달라고 예정에 없는 질문을 하면 머리가 복잡해진다. 짧은 시간 내에 함축된 의미를 포함해 전체 내용을 정리하는 건 정말이지 쉽지 않기 때문이다.

토론이나 대담에서 발언 기회가 주어졌을 때, 혼자서 1분 이상 마이크를 독점하면 함께 참여한 토론자도 지루해지기 시작한다. 게다가 아무리 의미 있는 주장을 펼치더라도 시간이 늘어지면서 요점이 흩어질 수 있기 때문에 말의 내용 전체가 산만하게 비추어질 수도 있다. 보통 이런 경우에는 사회자가 카메라를 피해 제발 좀 그만 끝내달라고 손으로 연신 신호를 보내기 바쁘다.

간혹 자신의 발언 타이밍에 너무 단답형으로 이야기를 끝내서 사회자를 당황하게 만드는 패널도 있지만, 통상 그 간극을 맞추어 주어진 시간 내에 이야기를 마무리 짓는 건 방송 패널에게 요구되는 가장 기본적인 자질이 아닐 수 없다.

그런데 이런 '60초 스피치'의 경우, 비단 방송에서만 요구되는 대화의 기술은 아니다. 우리 주변의 평소 대화를 한번 상기시켜 보자. 나는 자신의 주장을 전개하기 위해 불필요한 사전 이야기에 너무 많은 시간을 쏟아내는 사람들이 제일 먼저 떠오른다. 이런 경우, 정말 하고 싶은 이야기의 핵심이 무엇인지 알 수 없다. 또한 자기 중심적 시각에서 일방적인 이야기를 풀어나가기 때문에 듣는 사람의 흥미를 유도하는 데 실패할 수밖에 없다.

그러니 대화의 상대가 나의 이야기에 무한정 귀를 기울이지 않는다는 사실에 유념해서 간결한 이야기를 전개하는 노력이 꼭 필요하다. 예를 들어, 한 번 발언에 주어진 시간이 60초에 불과하다는 사실을 인지하고 있으면 혼자서 지루하게 많은 말을 쏟아낼 가능성은 현저히 낮아진다.

물론 60초 안에 대화에 필요한 모든 말을 다 담을 수는 없다. 하지만 꼭 하고 싶은 핵심 내용을 간결하게 담아 메시지를 전달하면, 대화 상대는 이에 맞장구를 치거나 이어서 질문을 하는 등 더 많은 이야기를 할 기회를 반드시 제공한다. 이때 앞서 하지 못한 이야기를 이어서 한다면 훨씬 자연스러울뿐더러 상대방이 대화에 집중하도록 만들 수 있다.

혼자서 한참 동안 자신만의 이야기를 쭉 늘어놓고 난 뒤, 내 이야기는 다 했으니 이제 너의 이야기를 들어보자는 식으로 대화를 이어가는 경우도 주변에 많다. 전자와 후자, 어떤 대화가 유익하고 즐거울지 반문해 본다면 짧은 대화의 중요성은 더 커질 수밖에 없다.

30초의 미학, 건배사

짧은 대화의 중요성에도 불구하고, 자기 생각을 정리한 뒤 일목

요연하게 전하는 건 매우 어려운 일이다. 일상에서도 짧은 대화의 어려움은 도사리고 있는데, 회식 자리에서 '건배사'에 대한 공포를 경험한 독자들이라면 쉽게 공감할 것이다.

최근 회식 문화가 줄어드는 추세여서 과거보다는 그 부담이 덜하겠지만, 그래도 여전히 돌아가며 건배사를 반강제적으로 권하는 문화는 여러 곳에 남아 있다. 천성적으로 대중 앞에 일어나 말하기를 어려워하는 사람에게는 건배사가 공포에 가깝다고 한다. 말 좀한다는 사람에게도 건배사는 부담일 수 있는데, 왜냐하면 그만큼 짧은 찰나에 의미 있는 인상을 남기는 일이 어렵기 때문이다.

서양에서 시작된 건배의 기원은 독살의 위험을 제거하려는 데서 시작되었다. 술잔에 독이 들어 있을지 모르는 상황에서 서로의 잔을 세게 부딪치면 술이 섞이게 될 테고, 그렇다면 독살의 위험으로부터 어느 정도 안전할 수 있다는 판단이었다. 믿을 수 없는 상대에게 신뢰를 보이기 위한 상징적 의미에서 건배가 시작되었다고도 볼 수 있겠다.

하지만 현대인에게 건배는 통상적으로 함께 모인 이들의 화합과 우정을 나타낸다. 따라서 단순하게 잔을 부딪치는 행위인 건배뿐 아니라, 서로의 거리를 좁히기 위한 건배사에 더 큰 의미를 부여하고 있는지도 모르겠다.

세계 주요 정상들도 특별한 경우를 제외하면 만찬 자리에서 건배사를 말한 뒤 서로 잔을 마주하며 우정을 나눈다. 술을 못하는 정상의 경우, 와인 등을 따른 뒤 입을 적시기만 하거나 때론 음료수를 따르기도 한다. 미국의 트럼프 대통령이 대표적인 케이스다.

트럼프 대통령은 보기와는 달리 술을 전혀 못하는 것으로 알려져 있다. 지난 2019년 2월, 하노이에서 북한 김정은 위원장과 친교 만찬을 가졌을 때에도 두 정상은 만찬주 대신 물을 와인잔에 담아 건배를 했다. 이를 두고 건배를 하는 술잔에 물을 담는 건 통상적 관례에 어긋난다고 지적한 이들도 있다. 고대 그리스에서 죽은 이를 보낼 때 술잔에 물을 채우고 건배를 한 의식이 있었기 때문이다.

아이러니하게도 물로 건배를 하며 친교 만찬을 한 다음 날 양 정상은 비핵화에 대해 어떤 합의도 하지 않은 채 노딜로 회담장을 떠났다. 2018년 4월, 판문점에서 문재인 대통령과 김정은 위원장이 만나 판문점 선언을 하고, 친교 만찬을 나눌 때는 술잔이 돌며 서로 덕담이 가득한 건배사를 나눴던 점과 대비되는 장면이다.

이처럼 세계인의 관심이 집중되는 정상 간 만찬은 어떤 술로, 어떻게 건배를 했는지도 주요 뉴스로 전달된다. 그러니 정상의 입을 통해 전달되는 건배사에는 더 큰 의미가 부여될 수밖에 없다. 실제 2007년 남북정상회담 만찬에서 노무현 전 대통령은 다음과 같이 즉석 건배 제의를 했다.

"신명 난 김에 김정일 국방위원장과 김영남 상임위원장, 두 분의 건강을 위해 건배합시다!"

이에 대해서 북측 관계자들조차 "남측 언론이 문제 삼지 않겠냐?"며 걱정했다는 이야기가 전해지기도 했는데, 그만큼 정상의 건배사가 미칠 사회적 파장이 크기 때문이다. 그로부터 십여 년 넘게 세월이 흐른 뒤 문재인 대통령과 김정은 위원장의 정상회담에서 양 정상의 건강 이야기는 건배사의 단골 주제로 쓰인 바 있다. 시대적 배경에 따라 건배사에 대한 정치적 해석도 달라짐을 보여주는 대목이다.

우리는 건배사를 두고 '30초의 미학'이라고 부르기도 한다. 실제 잔을 높게 들고 건배사에 집중할 수 있는 시간은 길어야 30초를 넘기기 어렵기 때문이다.

30초를 넘겨 건배사가 길게 이어지는 경우, 잔을 든 손이 하나둘 아래로 내려가기 시작할 것이다. 이런 상황에서는 아무리 좋은 내용을 담아도 환영받기 어렵다. 따라서 좋은 건배사를 위한 가장 기본은 30초가 넘지 않는 짧은 시간에 핵심 의미를 담아내는 기술에 있다.

건배사에 대한 해석은 저마다 다양하기 마련이다. 시중에 출간된 책들을 보면 건배사에 관한 기발한 아이디어들이 많다. 하지만 이 중에는 쉽게 공감할 수 없는 내용도 여럿 포함되어 있다. 건배사는 받아들이는 사람에 따라 해석의 여지가 충분히 다를 수 있기 때문이다.

그럼에도 좋은 건배사를 위해 꼭 필요한 조건 한 가지를 꼽으라면, 만남의 자리에 대한 최소한의 자기 생각과 진심이 담겨야 한다는 것이다.

예를 들어, 가장 대표적으로 사용되는 삼행시에 의존한 건배사를 보자. 이런 건배사는 간결하고 구호로 쉽게 연결될 수도 있어서 각종 행사나 모임에서 많이 사용된다. 하지만 건배사의 삼행시 자체에 집중하면 자신의 생각을 온전하게 표현하지 못할 때가 더러 있다.

자칫 '영혼 없는 건배사'로 비추어질 수 있는 건배사는 자신에게 주어진 대화의 시간을 다른 이들이 만들어낸 구호를 소개하는 데 허비하게 될 뿐이다. 따라서 오늘의 만남과 이 자리가 왜 소중한지 '나의 이야기'로 전달하는 건배사를 준비한다면 어디에서나 들을 수 있는 삼행시 등의 건배사보다 기억에 오래 남는다.

나의 의지와는 상관없이 앞으로도 건배사를 건네야 할 상황은 평생 계속될 것이다. 그리고 건배사는 그 자리에 함께한 모든 사람들과 짧은 시간에 나눌 수 있는 가장 효과적인 대화이기도 하다.

피하고 싶은 통과의례가 아니라, 적극적으로 나의 이야기를 나누는 장으로 건배사를 한번 활용해 보자. 약간의 준비와 노력, 그리고 진심이 더해진다면 오래 기억할 수 있는 이야기를 전할 수 있을 것이다.

인생은 타이밍, 대화도 타이밍

"버스하고 여자는, 떠나면 잡는 게 아니란다."

—영화 〈봄날은 간다〉 중에서

행운의 상징으로 알려진 미국의 2달러 지폐 앞면에는 제3대 미국 대통령인 토머스 제퍼슨의 초상화가 있다. 그가 재임할 당시 미국의 영토는 동부 지역을 중심으로 현재 영토의 1/3도 채 되지 않았다. 반면 미국의 중부 지역인 루이지애나 영토는 프랑스와 스페인이 100년 넘게 소유권을 주장하면서 갈등을 벌이고 있는 곳이었다.

1800년 나폴레옹은 스페인 침략 전쟁을 통해 루이지애나 영토를 양도받았다. 하지만 당시 나폴레옹은 유럽 원정을 위해 막대한 자금이 필요했다. 본토와 멀리 떨어진 루이지애나를 관리할 여력이 없었던 그는 이 땅을 매각할 계획을 세우고 있었다. 이러한 프랑스의 상황과 미국의 영토 확장에 대한 필요성이 맞물려 거대한 루이지애나 영토는 미국의 수중으로 들어가게 되었다. 미국은 단 돈 1500만 달러, 에이커당 2.8센트밖에 되지 않는 헐값으로 루이지애나 땅을 사들인 셈인데, 그 결과 하루아침에 영토가 두 배로 확장되었다.

이 거래는 막대한 국가 재정이 들어가는 계약이므로 의회의 비준 절차가 필수적이었다. 하지만 이 역사적 거래 앞에서 나폴레옹의 마음이 바뀔까 노심초사했던 제퍼슨의 사절단은 서둘러 계약부터 체결했다. 훗날 역사가들이 미국 헌법 제정 다음으로 중요한 사건으로 꼽는 루이지애나 땅의 매입은 결국 기가 막힌 타이밍을 놓치지 않았기에 가능한 일이었다.

시장의 부동산값이 폭등할 때마다, "아이고, 그때 저 집을 샀어야 했는데"라며 땅을 쳤던 기억이 있을 것이다. 부동산은 투기의 대상이 되어선 안 된다고 주장했던 정부의 청와대 대변인이 많은 빚을 내서 재개발 지역 상가에 투자한 일이 뉴스가 된 적이 있다. 결국 언론과 여론의 뭇매를 맞았고, 그는 사직서를 제출한 뒤 청와대 대변인 자리에서 물러났다.

당시 그가 사임의 변에서 내놓았던 변명 중 기억나는 대목이 있다.

"내 집 마련에 대한 남편의 무능과 게으름, 그리고 집 살 절호의 기회에 매번 반복되는 '결정 장애'에 아내가 질려 있었던 것이다."

그의 변에 따르면, 재개발 지역의 투자는 남편의 공직 종사와 무관한 아내의 결정이었고, 그 이유 중 하나가 평생 집 살 절호의 기회를 매번 놓쳤다는 것이었다. 결국 그는 투자의 타이밍을 선택했고, 공직과 명예는 내려놓아야 했다.

이처럼 우리의 삶도 순간의 타이밍에 어떤 선택을 했는지에 따라 많은 것들이 달라질 수 있다. 특히 남녀 간의 연애는 타이밍이 많은 것을 결정한다. 얼마 전 한 통신사 CF는 초등학생들의 연애 타이밍을 연출해서 관심을 끌기도 했다.

"나랑 사귀지 않을래?"

초등학생인 남자 아이가 여자 아이에게 이 같은 메시지를 받은 순간, 남자 아이의 휴대폰 데이터가 모두 소진된다. 그리고 데이터를 구하지 못해 안절부절못하던 아이가 뒤늦게 부랴부랴 메시지를 보낸다. 하지만 그 사이 여자 아이는 기다림에 지쳐 마음을 정리했고 이런 답장을 보냈다.

"이미 늦었어, 사랑은 타이밍이야."

중요한 순간 데이터가 소진되어 실연의 아픔을 경험한 남자 아이는 회환의 눈물을 흘린다. 초등학생의 데이터 광고를 위해 제작된 영상이었는데, 너무 재미있게 봐서 그런지 오래전 한 번 보았을 뿐인데도 여전히 기억에 남는다. 초등학생들의 사랑에서 핵심은 타이밍이고, 성인의 연애에서도 그 본질은 다르지 않다.

오랫동안 고민 끝에 중요한 내용을 담아 누군가에게 메시지를 보냈는데 몇 시간이 지나도록 아무런 답이 없다면 실망할 수 있다. 요즘이야 기술의 발달로 상대가 메시지를 확인했는지 여부를 즉각 확인할 수 있지만, 과거 삐삐로 음성사서함에 한 방향 메시지를 전달하던 시절에는 타이밍을 맞추기가 쉽지 않았다.

허진호 감독의 영화 〈봄날은 간다〉에서 떠나간 연인을 잊지 못해 괴로워하는 상우(유지태)에게 할머니가 읊조렸던 대사는 만남과 헤어짐에 관한 연애의 타이밍을 가장 적나라하게 표현한 말이 아닐까 싶다.

"버스하고 여자는, 떠나면 잡는 게 아니란다."

투자와 연애에서 타이밍이 중요하듯 사람들 간에 대화에서도 타이밍이 무척 중요하다. 특히 여럿이 함께 나누는 대화라면 어떤 타이밍에 이야기해야 좋을지 한번쯤 고민해 본 경험이 있을 것이다.

한창 대화가 무르익고 있는데, 내가 중간에 끼어들어 던진 이야기로 분위기가 싸늘해지거나 혹은 내 이야기에 아무런 호응이 없었던 경험이 있었다면 다음 대화의 자리에서 심리적으로 위축될 가능성이 매우 크다. 이는 술자리의 가벼운 대화뿐 아니라 공식적인 회의 등 다수의 대화에서 언제나 나타나는 고민이다. 대화를 주도적으로 이끌어가는 위치가 아니라면 중간에 끼어들어 이야기해야 할 타이밍을 캐치하는 건 여간 어려운 일이 아니다.

여럿이 함께 나와 진행하는 예능 토크나 시사 토크에도 이런 어려움은 존재한다. 수년간 매일 아침 패널로 개근했던 시사 토크쇼가 있다. 당일 가장 뜨거운 정치 및 시사 이슈를 다양하게 다뤄야 하는 데다가, 다섯 명의 패널이 나와 다양한 논평을 하기 때문에 1시간 30분의 긴 방송 시간에도 불구하고, 한 사람이 말할 수 있는 총량은 그리 길지 않다.

통상 다른 뉴스 프로그램의 대담은 사회자와 두 명의 패널이 나와 진행자의 질문에 순차적으로 답변하는 순으로 진행된다. 따라서 진행자의 질문에만 충실하면 되기에 부차적인 고민이 뒤따르지 않는다. 하지만 여럿이 함께하는 토크쇼는 질문 외적인 변수가 훨씬 더 큰 영향을 준다. 하나의 주제를 두고 다른 사람들의 이야기와 내 이야기를 섞어서 흐름을 이어가야 해서 말 그대로 어떤 타이밍에 적절한 이야기를 던질지가 핵심이다.

방송 출연 초기에 가장 어려웠던 일은 '어떤 타이밍에 이야기를 해야 할까?'에 대한 고민이었다. 너무 자주 끼어들면 전체 대화의 흐름을 끊을 수 있고, 다른 사람들이 한창 이야기하는데 그저 경청만 하고 있으면 출연 분량이 적어서 존재감이 없을 수 있다. 사회자가 적절하게 발언 분량을 조절하고, 질문의 맥을 짚어주는 게 가장 좋지만 모든 걸 진행자에게 의존할 수는 없는 노릇이었다.

다년간 방송으로 시행착오를 겪다 보니 이제 말하는 타이밍에 대한 불안과 걱정은 거의 사라졌다. 방송에서 타이밍의 공포를 극복할 수 있었던 몇 가지 노하우는 일상의 대화에서도 유용하게 적용할 수 있어서 공유하려 한다.

대화에서 타이밍 공포를 극복하는 첫 번째 방법은 '나의 이야기'를 충분히 준비하는 일이다. 사실 어떤 대화건 주어진 전체 시간은 넉넉하다. 그리고 대화에 적극적으로 참여하는 데 어려움을 겪는 이들에게도 대화에 끼어들 수 있는 틈은 언제고 돌아올 수밖에 없다. 다른 이들의 대화에 밀려 조금 늦게 말할 기회가 주어질 수는 있지만, 말수가 적은 이들이 이야기할 때 오히려 무슨 말을 할지 집중하게 되는 경우도 더러 있다.

이때 다른 사람들이 했던 이야기와 비슷하거나 뻔한 이야기를 끄집어내면 대화에 참여한 사람들의 관심에서 쉽게 멀어질 수 있다. 그리고 이어지는 대화에서 자신감이 떨어져 대화에 더 적극적으로 참여하지 않는 악순환이 반복된다.

하지만 다른 이들의 대화에서 듣지 못했던 새로운 시각의 이야기를 하면 오히려 청중의 주위를 환기시킬 수 있기 때문에 발언 타이밍에 대한 문제를 극복할 수 있다. 타이밍이 물론 중요하지만, 타이밍을 놓치더라도 언제든 이야기에 참여할 수 있는 말할 거리를 준비한다면 더 이상 타이밍은 공포의 대상이 되지 않는다.

나는 방송에서 서너 번의 발언 기회를 위해 말할 거리를 스무 가지 정도 준비한다. 준비한 내용 중 극히 일부만 방송되지만, 오늘 얘기하지 못했더라도 언제든 다른 상황에 또 쓸 기회가 있을 거라고 생각하면 나름의 의미가 있다고 생각한다.

두 번째 방법은 타인의 발언에 대한 '예측'과 '경청'이다. 여럿이 하는 대화에는 흐름이라는 게 있다. 아무리 톡톡 튀고 재미있는 이야기를 준비하더라도 대화의 흐름에 방해가 된다면 혼잣말이 될 공산이 크다. 따라서 다른 사람의 발언에 경청하고, 그 주장에서 파생되는 내용으로 연결 지어 말하면 훨씬 자연스럽게 자신의 이야기를 펼쳐 나갈 수 있다.

앞선 사람의 이야기에 더해, 비슷한 내용이지만 전혀 새로운 사례를 언급할 수도 있고, 반대되는 주장을 통해서 이야기를 반전시킬 수도 있다. 그런데 현장에서 바로 이런 주장을 펼치기엔 엄청난

순발력이 요구되는 터라, 미리 이 주제에서 어떤 이야기를 할지 조금이라도 예측이 가능하다면 더 수월할 것이다.

세 번째 방법은 핵심만 전달하는 '간결한 대화법'의 활용이다. 아무리 달변이고 좋은 내용을 준비했다 하더라도 혼자서 대화의 많은 분량을 독차지하는 것은 청중을 지루하게 하는 지름길이다. 하고 싶은 이야기가 많더라도 다른 사람이 더 잘 이야기할 수 있는 부분이 있다면 남겨두고 배려하는 자세가 필요하다.

특히 대화 중간에 끼어드는 경우라면 더욱이 하고 싶은 이야기를 최대한 짧고 간략하게 전하는 것이 중요하다. 대화의 맥을 해치지 않고 오히려 대화를 더 풍성하게 해줄 수 있기 때문에 양념처럼 촉매제 역할을 하게 된다. 하지만 중간에 끼어든 사람의 내용이 길어지면 대화의 분위기를 해치는 상황으로 인식될 수 있다. 짧은 시간 핵심을 짚으면서 대화에 참여하는 게 다양한 이야기를 이끌어 가는 데 도움이 될 수 있다.

인생에서 마주하는 중요한 순간, 한 번에 완벽한 타이밍을 잡기 어려운 것처럼 대화도 꾸준히 노력할 때 발전시킬 수 있다. 약간의 부끄러움과 시행착오는 어쩔 수 없는 통과의례임을 기억하고, 이를 극복하기 위해 노력한다면 완벽한 대화 타이밍에 한 걸음 더 가까이 가 있을 것이다.

대화를 망치는 가장 쉬운 방법

"좋은 말씀 해주셨는데요, 다만 다른 측면에서도
한번 접근해 보았으면 합니다."

—방송 토론에서 내가 즐겨 사용하는 말 중에서

시사, 정치에 관한 방송 대담은 통상 대립하는 의견이 공존할 수밖에 없다. 대담에 나선 평론가들은 카메라가 돌아가는 도중에는 얼굴이 빨개질 정도로 격렬하게 토론하지만, 방송이 끝나면 언제 그랬냐는 듯 웃으면서 못다 한 이야기를 나누곤 한다. 하지만 아주 간혹 방송 카메라가 꺼지고 난 뒤에도 고성을 지르면서 감정을 추스르지 못해 볼썽사나운 모습을 목격할 때가 있는데, 이런 경우는 생각의 차이라기보다 대부분 대화의 태도가 문제였다.

"방금 하신 말씀은 전적으로 잘못된 이야기입니다."

간혹 대담 중 상대의 주장에 반박하면서 이렇게 말하는 사람들이 있다. 그리고 상대가 발언을 마치기도 전에 고개를 절레절레 흔들면서 손을 들고 대화의 기회를 달라고 요청하거나, 어처구니없다는 표정을 지으며 비웃는 모습까지 고스란히 화면에 드러내는 경우도 있다.

성인군자처럼 넓은 아량을 가진 인사라도 이런 상황에 놓이면 불편한 감정을 숨기기 어려울 것이다. 생각이 다를 수 있음을 전제로 다양한 의견을 주고받는 자리에서 상대의 발언을 콕 짚어 틀렸다고 주장하고 공격적인 태도를 보인다면 건강한 대화의 진전을 기대하기 어렵다. 실제 방송 현장에서 이런 상황에 놓이면 정말 딜레마가 아닐 수 없다. 그냥 넘어가자니 상대의 비판을 조건 없이 수용하는 것 같아 찜찜하고, 똑같이 맞닥뜨려 싸우자니 대담의 흐름과는 무관하게 감정싸움으로 비추어질까 봐 우려되기 때문이다.

보편적으로 사람이 느끼는 감정은 크게 다르지 않기 때문에 이렇게 대화 상대방을 불편하게 만드는 패널의 경우, 주변에서 후한 평가를 받지 못한다. 함께 대담하는 상대에게 불쾌한 감정을 느끼게 했다면, 이는 분명 TV를 통해 지켜보는 시청자들에게도 불편함을 전달했을 가능성이 크다. 이처럼 대화의 기본 태도에 반복적으로 문제가 생길 경우, 자연스레 대담 현장에서 도태되는 경우도 여러 차례 있었다.

반면, 별다른 부침 없이 꽤 오랜 기간 한 자리를 지키는 사람들을 보면 대화 상대에 대한 배려심이 뛰어나다. 이들은 아무리 듣기 싫은 이야기라도 일단 경청하는 모습을 보이기 위해 부단히 노력한다. 상대의 이야기에 대해서 최소한 메모하는 행동을 취하거나, 고개를 끄덕이면서 긍정의 의사를 전달하기도 한다. 그리고 본인에게 발언의 기회가 왔을 때, 다음과 같이 이야기를 이끌어간다.

　"좋은 말씀 해주셨는데요, 다만 다른 측면에서도 한번 접근해 보았으면 합니다."

　이렇게 상대의 발언에 대해 존중하고 난 뒤 반대되는 의견을 피력한다면, 아무리 정반대의 주장을 펼치더라도 감정적으로 부딪히게 될 가능성은 매우 적다. 그리고 분명한 메시지를 전달하면서 다양한 측면의 대화를 나눌 수도 있기 때문에 대담에 참여하는 모두에게 이득이 된다. 게다가 내 견해와 다른 주장을 불편한 감정 소모 없이 경청할 수 있다면, 내가 주장하고 있는 논리에 비약이나 수정 보완이 필요한 점은 없는지 돌아볼 기회가 될 수도 있다.

　듣고 싶은 이야기를 전하는 일은 매우 쉽다. 하지만 상대와 입장이 다를 때, 감정선을 건드리지 않으면서 이야기하기란 정말 어렵다. 따라서 대화 중 다른 견해를 제시할 때는 반드시 상대에 대한 '배려'와 '존중'을 바탕에 두어야 한다. 예의를 갖춘 주장에 대해서는 대화의 상대나 이를 지켜보는 제삼자 입장에서 비록 견해가 다르더라도 일부 수용할 수 있는 여지를 남겨둘 수 있기 때문이다.

예컨대 여러 시사 프로그램에서 유려한 입담을 보여준 박형준 교수의 경우, 토론하는 상대에 대한 배려가 몸에 밴 패널이다. 자신과 의견이 다를 수 있음을 전제하면서도 다른 의견을 듣기 위해 부단히 노력하고, 그 내용에 설득이 될 경우 인정하면서 자신의 주장을 일부 후퇴하기도 한다. 사적으로 만날 때에도 다른 이들의 이야기를 경청하는데, 이런 능력 덕분인지 그를 표현하는 수식어에는 늘 '합리적인'이라는 수사가 빠지지 않는다. 아마 그와 대화를 나눠보거나 토론에 임해 본 사람이라면 왜 박형준 교수가 폭넓게 대중의 사랑을 받고 있는지 쉽게 공감할 수 있을 것이다.

이와는 정반대의 경우도 있다. 상대와 의견이 다를 때 아예 대화의 문을 차단해 버리는 정치인, 바로 미국의 트럼프 대통령이다.

트럼프는 당선 이전부터 미국 주류 언론에 대한 적대적 감정을 숨기지 않았다. 특히 자신에 대해 부정적인 보도를 해온 〈뉴욕타임스〉, 〈워싱턴포스트〉, 〈CNN〉 등에 대해서 가짜뉴스라고 폄훼하는가 하면, 언론을 통하지 않은 채 하루에도 수십 회씩 본인의 주장을 트위터로 직접 전달해 왔다.

〈워싱턴포스트〉는 이런 트럼프의 발언과 주장에 대해서 자체

'팩트체크팀'을 가동해 분석하기도 했다. 그 결과, 취임 이후 트럼프가 거짓말을 1만 번 이상 했다는 놀라운 사실이 드러났다. 그러니까 하루 평균 12번꼴로 허위 주장 혹은 사실을 호도하는 주장을 해왔다는 것인데, 아마도 그간 트럼프가 보여준 일방적 트윗 등의 주장을 보면 〈워싱턴포스트〉의 분석에 여러모로 힘이 실린 듯 보인다.

미국의 원로 언론인 밥 우드워드도 그의 저서 『공포』에서 트럼프 행정부의 난맥상을 적나라하게 비판한 적이 있다. "매티스 장관(미국 국방 장관)은 트럼프 대통령에 대해 '초등학교 5, 6학년 수준의 이해력과 행동을 보인다'고 비판했다"라는 이야기가 책에 담기기도 했다. 이렇듯 주류 언론을 비롯한 여러 참모진이 트럼프 대통령에게 등을 돌리게 된 결정적 원인 하나를 꼽으라고 하면 자신과 견해가 다른 이들과의 대화를 스스로 차단해 버린 것을 들 수 있다.

많은 경우 이런 트럼프의 말과 행동에 대해 강도 높게 비판한다. 하지만 정도의 차이가 있을지언정, 우리 주변에서도 여러 가지 이유로 대화의 문을 닫아버리는 경우를 종종 볼 수 있다.

사는 지역이 다르다는 이유로, 배움의 깊이가 다르다는 이유로, 경제적으로 차이가 난다는 이유로 편향된 선입견을 갖고 타인과의 대화에 장벽을 쌓기도 한다. 최근에는 젠더 간 갈등이 큰 사회적 문제로 대두되었다. 이 또한 서로가 대화의 문을 굳게 걸어 잠근 채 대결 구도가 형성되니 차이를 극복하고 해결하기는커녕 오히려 갈등의 골이 더 깊어지는 모습이다.

그런데 사회적 갈등 해소의 막중한 책임이 있는 정치인들이 이런 대결 구도를 더 반기는 듯 보여 씁쓸할 때가 있다. 이들은 극단적 대화를 통해 지지층 결집이라는 정치적 열매를 맺을 수 있기 때문에 정치의 본래 목적을 잊어버리고, 부차적인 사적 이익에만 매달리는 듯 보인다.

하지만 우리가 사는 일상의 대화에서 장벽을 더 높게 친다면, 그 피해는 고스란히 우리의 몫으로 돌아오게 된다. 그래서 더 공적 영역에서 활동하는 이들에게 열린 대화를 요구하는 목소리가 커지는지도 모르겠다.

최근에 나누었던 대화에서 편안하게 이야기를 진전시키기 어려웠던 때가 있었는지 생각해 보자. 반대로 어떤 이야기를 건네든지 다양한 각도에서 내 이야기를 존중해 주었던 대화가 있었는지도 생각해 보자. 그렇다면 나는 타인에게 어떤 대화의 상대로 기억되고 있을까.

대화를 위해 넘지 말아야 할 선을 지키는 일은 쉬운 것처럼 보이지만 어려운 일이다.

CHAPTER 3

대화의 꽃,
효과적인 토론하기

토론이 실종된 사회

"눈빛에 광채가 깃든 것이 전국을 통일한 직후라
야심으로 가득 차 조선으로 쳐들어올 것 같았다."

—1591년 봄, 통신사 황윤길의 보고 중에서

임진왜란이 터지기 직전인 1591년 봄, 선조는 통신사 황윤길과 부사 김성일을 일본 오사카로 보내 도요토미 히데요시를 만나 상황을 파악하라고 지시했다. 오사카를 다녀온 통신사 황윤길은 부산포에 도착하자마자 "반드시 전쟁이 일어날 것입니다"라며 시급하게 정세를 보고했다. 전국을 통일한 직후라 야심으로 가득 차 있었던 도요토미의 눈빛을 보고는 반드시 조선으로 쳐들어올 것이라 확신한 것이다.

그런데 황윤길과 함께 파견된 부사 김성일은 이와 정반대 입장에서 다음과 같이 선조에게 보고했다.

온다 해도 걱정할 것이 못 됩니다.

도요토미는 과장되고 허세에 가득 차 있었습니다.

황윤길은 관백의 허풍에 겁을 먹은 것입니다.

함께 상황을 파악하러 떠났던 두 사람이 이렇게 정반대의 보고를 올리기까지 도대체 무슨 일이 있었던 것일까. 임진왜란을 전후한 조선 조정은 파벌에 따른 붕당정치로 몸살을 앓고 있었다.

왜란의 가능성을 낮게 평가한 김성일은 조정의 실권을 장악한 동인이었던 반면, 전쟁을 방비해야 한다고 주장했던 황윤길은 서인이었다. 서로 다른 정파의 이해관계 속에서 같은 상황을 목격하고도, 전쟁의 위기 상황을 앞에 둔 채 각기 다른 입장에 서 있는 참담한 상황까지 오게 된 것이다.

선조는 조정에 대혼란이 올 수 있다며 신중론을 편 김성일의 말에 힘을 실었다. 조정의 실권을 쥐고 있던 동인의 편에 서서 내린 의사결정이었다. 이런 결정에 따라 전쟁에 체계적으로 방비할 수 있는 골든타임을 허망하게 흘려보냈다. 이듬해 황윤길의 주장처럼 임진왜란이 발발했고, 치열한 토론으로 모든 가능성에 대비하지 않은 대가는 너무나 참혹했다.

임진왜란이 일어난 때가 1592년 4월 13일, 선조가 한양을 버리고 도망친 날이 4월 30일이니 불과 보름가량을 버티지 못하고 무너질 정도로 방비가 허술했다.

선조가 한양을 버리고 도피하기 전 마지막으로 믿었던 최후 보루는 신립 장군이 이끌었던 충주 탄금대 전투였다. 당시 신립의 군졸이었던 김여물이 새재의 험준한 지형을 이용한 전투를 건의했지만, 신립은 후퇴가 불가능한 탄금대에 배수진을 친 뒤 전투를 결정한다. 하지만 창검을 든 3만 명의 조선군이 조총으로 단련된 10만 왜군을 막아낼 수는 없었다. 신립은 전쟁 발발 전부터 조선의 수군을 폐지해야 한다고 선조에게 건의하는 한편 왜군 조총의 파괴력에 대해서 과소평가하는 등 전쟁 방비에 치밀한 모습을 보이지 않았다. 서애 류성룡이 임진왜란을 복기하며 작성한 『징비록』에 보면, 예고된 전쟁에 무방비한 상태로 안이하게 대응한 조정의 무능과 민낯이 적나라하게 드러난다.

만약 모든 가능성을 열어둔 채 토론이 이루어졌고, 전란에 대비하기 위한 노력을 단 1년만이라도 제대로 했다면 비참했던 임진년은 분명 다른 역사를 기록했을 수도 있을 것이다.

토론이 실종된 국회

토론이 실종된 정치는 수백 년 전 조선의 조정이나 현재의 대한민국 국회의 모습이나 크게 다르지 않다. 해머와 빠루, 쵀루탄까지 등장했던 국회의 모습은 한때 외신에 그대로 조명되면서 국제적 망신을 사기도 했다.

갈등의 주된 이유는 제대로 된 여야 간 토론 없이 의장의 직권 상정으로 법안 통과를 시도하려 했던 관행 때문이었다. 결국 이런 상황을 다수당의 횡포로 인식한 소수당은 물리적으로 법안 처리를 막아내려 했고, 이에 폭력적 상황이 동반되면서 '동물국회'라는 오명까지 쓰게 되었다.

2012년 제19대 국회 마지막 본회의 날, 이런 상황을 방지하기 위해 여야는 합의하에 '국회선진화법'을 통과시켰다. 개정된 법에 따르면, 여야 합의 없이는 직권상정 처리가 사실상 불가능했다. 따라서 과거와 같은 물리적 마찰은 본법 통과 이후로 사실상 막을 내린 듯 보였다.

하지만 어렵게 처리된 국회선진화법으로 또 다른 부작용이 나타났다. 여야 합의를 이루지 못해서 법안 통과가 한없이 지연되는 무기력한 국회가 되었고, 이는 '식물국회'라는 또 다른 오명을 가져왔다.

최근에는 이런 국회선진화법조차 무력화된 채, 국회 내 물리적 마찰이 다시 모습을 드러내면서, 국회에 대한 국민의 신뢰는 끝없이 추락하기도 했다.

법이 아무리 좋은 방향으로 바뀌어도 국회에서 근본적인 문제가 풀리지 않는 핵심 이유는 결국 '토론'이 실종되었기 때문이다.

하나의 논제는 어떤 관점에서 바라보는지에 따라 입장과 주장이 상이하게 나타날 수 있다. 즉, 상호 입장이 다른 것은 매우 당연하지만 상대의 주장이 틀렸다는 전제 속에서는 대화와 토론이 한 걸음도 진전될 수 없다.

도요토미 히데요시를 만나고 돌아온 황윤길과 김성일의 상이한 보고, 전쟁의 위기 상황 앞에서도 정파의 이익만을 쫓기에 바빴던 붕당정치의 결과, 여야 간 극한 대치 속에서 민생이 실종된 국회의 모습을 보면서 '토론의 부재'가 얼마나 참담한 결과를 가져오는지 알 수 있었다.

'답정너'라는 유행어처럼, '답은 정해져 있으니 너는 대답만 해'라는 식의 논쟁으로는 생산적인 토론이 결코 이뤄질 수 없다. 상호 이견을 인정하지 않는 토론 문화가 바뀌지 않는다면 법과 제도를 아무리 바꾼들 정치의 진일보를 이뤄낼 수 없을 것이다.

역사는 반복된다

충남까지 올라온 아열대 기후 속 한반도.

여름철 일상화된 폭염과 오존 주의보, 겨울 하늘엔 숨 막히는 미세먼지. 석탄 화력 발전소가 다시 등장하고, 수량·수질 모두

악화한 물 부족 국가, 중산층이 무너져 내린 승자 독식의 사회, 분노를 등에 업은 거리정치의 일상화, 글로벌 정보기술IT 대기업의 하청업체로 전락한 한국 기업.

얼마 전 국내 최초의 상설 미래연구기관인 국회 미래연구원에서 발표한 '2050년에서 보내온 경고'의 한 대목이다. 에너지에서 경제, 인구, 북한 등 13개 분야를 예측한 이 보고서의 미래에서 장밋빛 전망은 어디에도 찾아볼 수 없었다.

지금까지 축적된 문제들에 대해서 적절한 대응 없이 계속된다면 보고서가 전망한 암울한 미래가 현실이 되는 것은 시간문제일 수 있다. 그래서 더 지나간 시간, '토론'이 실종된 갈등과 대결의 정치가 아쉽게 느껴질 수밖에 없는 대목이다.

과거 일본으로 건너가 도요토미 히데요시를 만나고 돌아온 황윤길과 김성일이 각기 다른 이야기를 하는 것처럼, 현재 대한민국 역시 30년 뒤 미래를 두고 서로 다른 전망을 하고 있다. 골드만삭스는 2025년 한국의 경제력이 G7 국가에 근접하거나 능가하고, 2050년에는 한국의 1인당 GDP가 세계 2위를 기록하리라 전망하기도 했다. 앞서 언급한 국회 미래연구원의 보고서와 달라도 너무 다른 두 전망을 두고, 우리는 어떤 토론을 통해 미래를 대비해야 하는 것일까.

사실 정치란 말과 글로 생각이 다른 상대를 설득하는 작업의 연속이라고 봐도 과언이 아니다. 하지만 정치에서 '토론의 부재'는 진영논리를 더 굳어지게 만들었고, 누적된 문제를 풀어내기는커녕 더 많은 문제를 쌓아가며 미래 세대에게 큰 부담을 떠넘기고 있다.

　준비되지 않은 어느 날, 임진왜란으로 나라와 백성이 유린당했던 1592년 봄을 기억한다면, 지금이야말로 정치하는 사람들은 '치열한 토론'으로 중무장하고 민의의 전당에서 제 역할을 다해야 할 마지막 기회인지도 모른다. 국가적 차원에서 토론의 중요성은 두말할 나위 없다. 그런데 이런 토론을 필요로 하는 곳은 비단 국정을 운영하는 이들에만 한정되지 않는다.

　대의민주주의 제도 아래서 우리는 선출된 권력에 많은 권한을 위임했지만, 다양한 영역에서 주권자의 참여는 이미 필수적 사안으로 자리 잡았다. 시민사회뿐 아니라, 개별 시민의 참여에서도 논리적인 토론은 자신의 주장과 대안을 관철하기 위한 가장 효과적인 도구이다. 비록 정보의 접근과 전문성은 공적 영역에서 활동하는 인사들이 비교우위를 보일지도 모른다. 하지만 현장에서 일어나는 생생한 경험을 바탕으로 논리적인 주장을 체계적으로 발언하는 훈련이 되어 있으면, 한 사람의 시민일지라도 토론을 통해 자신이 원하는 이상적인 상황을 관철해 낼 수 있을 것이다.

　가정과 학교, 기업과 정부, 정치와 국제사회 등 여러 방면에서 갈등을 조정하고 문제를 해결하는 힘은 결국 토론을 통해 이루어진다. 토론의 결과에 따라 나라의 운명이 바뀔 수 있는 것처럼, 가정과 기업에서도 토론의 성패는 위기 상황에서 전혀 다른 갈림길에 들어서도록 만들 수 있다.

하지만 토론의 중요성에도 불구하고, 우리는 정규 교육과정에서 제대로 된 토론에 대해 교육받을 기회를 얻지 못했다. 사회에서도 합리적 토론 문화가 정착된 조직을 경험할 기회는 더욱이 흔치 않다. 그래서 더 새로운 토론 문화가 정착된 사회를 위해 이처럼 토론의 중요성을 목놓아 이야기하고 있는지도 모른다.

누구도 가르쳐주지 않았지만, 우리의 삶과 역사를 바꿀 수 있는 '토론의 힘'을 믿는다면 지금부터 토론의 세계로 조금 더 깊숙이 들어가 보자. 생생한 토론 현장의 주요 기법들을 토대로 우리 삶에서 꼭 필요한 토론의 기술에 대해 친절히 안내할 것이다.

토론 능력은 노력의 산물이다

"그분은 완벽하진 않지만 훌륭하고 감동적인
연설을 해 자유 세계를 하나로 뭉쳤어. 데이비드,
옛날엔 그분이 너보다 훨씬 말을 더듬었단다."
— 영화 〈킹스 스피치〉의 작가, 데이비드의 일화 중에서

1940년, 나치 독일군의 보트가 미국을 향하던 영국 피란선을 공
격한다. 그리고 그 충격으로 배에 타고 있었던 세 살배기 데이비드
슬레이더는 말을 더듬는 장애를 갖게 된다. 언어 사용에 어려움을
겪는 아들에게 그의 부모는 영국의 왕, 조지 6세의 이야기를 들려
주면서 얼마든지 노력으로 언어장애를 극복할 수 있다는 희망을
심어주려 했다.

그리고 훗날 이 소년은 부모가 어린 시절 들려준 조지 6세의 이
야기를 바탕으로 한 영화, 〈킹스 스피치〉의 각본을 썼고, 이 영화
는 아카데미상 각본상뿐 아니라 작품상, 감독상, 남우주연상까지
주요 4개 부문을 석권하게 된다. 수상 당시 그의 나이 73세, 그는

아카데미상 최고령 수상자로 주목을 받기도 했다.

말더듬이 영국 왕, 버티

콜린 퍼스 주연의 영화, 〈킹스 스피치〉는 세기의 스캔들을 일으키며 왕위를 포기한 형 때문에 준비되지 않은 채 왕위에 오른 버티의 이야기를 다룬다. 그는 대중 앞에서 말을 더듬는 콤플렉스로 인해 국왕 자리에 오른 뒤에도 매우 힘겨운 나날을 보낸다. 영화는 그런 그가 말더듬증을 극복하면서 국왕의 면모를 찾아가는 모습을 그리고 있는데, 이는 1936년부터 1952년까지 즉위한 영국 조지 6세의 실화를 바탕으로 한 이야기다.

그가 즉위할 무렵, 유럽은 전체주의 세력 파시즘과 나치즘이 팽배해 있었다. 일촉즉발 전쟁의 위기 앞에서 그의 선택에 국가의 명운이 놓여 있던 점을 고려한다면, 그가 짊어진 부담은 상당했을 것이다. 심지어 그가 맞서야 할 상대는 언변의 달인 히틀러였다. 화려한 선전술과 연설로 대중의 마음을 사로잡는 선동의 대가와 맞서 싸워야 했던 조지 6세에게 연설은 또 하나의 전쟁이 아니었겠는가.

말더듬이 왕, 버티가 영국 국민의 지도자로 우뚝 서게 된 배경에는 언어치료사 라이오넬 로그가 있었다. 말더듬증을 극복하기 위한 로그의 기상천외한 치료법을 두고 둘 사이에 갈등을 빚기도 했다. 하지만 결국 신뢰와 믿음을 두텁게 쌓고 난 뒤, 그들은 언어 치료에 매진하게 된다. 그리고 왕위에 오른 지 3년이 지난 1939년 9월 3일, 조지 6세는 마침내 독일과의 전쟁을 선포하는 라디오 연설에 나서게 된다.

라디오 연설실로 향하는 그는 이 연설이 가지고 있는 무게가 얼마나 큰지 잘 알고 있었다. 그래서 부담감이 더 어깨를 짓눌렀고, 심지어 귓가에는 이런 말이 맴돌면서 불안감은 커져만 갔다.

"이 위기가 폐하께 가장 중요한 시험 무대가 될 것입니다. 중대한 순간입니다."

바로 이 순간, 방송실에 함께 있던 언어치료사 라이오넬 로그가 불안해하던 그의 숨 고르기를 도와주면서, 역사적인 연설이 시작된다.

"국민 여러분, 마음을 모아주십시오.
침착하면서도 결연한 자세로 다 함께 고난을 헤쳐 나갑시다.
힘든 시간이 될 것입니다. 어두운 날들이 오래 지속할 수도 있습니다. 전쟁은 이제 더 이상 최전선의 전투에 국한된 문제가 아닙니다. 우리가 모두 굳은 결의를 가지고 신념을 잃지 않는다면 신의 은총으로 이 전쟁에서 승리할 수 있을 것입니다."

이미 영국 국민은 조지 6세의 말더듬증에 대해 알고 있었다. 하지만 그는 결의에 찬 연설에서 더 이상 말을 더듬지 않았고, 또박또박 연설문을 읽어 내려갔다. 그리고 마지막까지 버킹엄 궁전을 떠나지 않고 결사항전의 의지를 밝힌 그의 지도력은 오히려 국민을 급속도로 결집하게 만들어주었다.

이후 그의 연설은 저항의 상징이자 위기를 이겨낸 모범으로 역사에 기록되었다. 아내의 헌신과 언어치료사의 도움이 있었지만, 노력으로 평생의 콤플렉스를 이겨낸 그의 모습은 화려한 언변으로 도저히 따라잡을 수 없는 감동을 전해 주었다.

선천적으로 말을 더듬는 언어장애도 노력을 통해 극복이 가능함을 보여준 예처럼 논리적인 토론은 더욱이 노력의 산물이 아닐 수 없다. 노력으로 발전시킬 수 있는 토론능력은 크게 내용과 형식의 두 가지 측면으로 구분된다.

조지 6세의 경우 말의 내용보다 형식적 측면에서 어려움을 겪었던 대표적인 사례로 볼 수 있다. 그런데 우리 주변을 돌아보면, 생각보다 많은 사람이 훌륭한 내용을 가지고 있음에도 이를 효과적으로 전달하지 못해 답답함을 호소한다. 말의 형식적 측면에서 어려움을 겪고 있다면 얼마든지 마음먹기와 노력 여부에 따라 토론 능력을 발전시킬 수 있다. 특히 토론이 가능한 환경을 지속해서 조성해 주는 일은 이런 능력 향상에 큰 도움을 줄 수도 있다.

'말'하는 환경이 만드는 힘

"어떻게 그렇게 말씀을 잘하세요?"

방송에서 평론과 토론을 업으로 삼고 지내다 보니, 처음 누군가와 마주하면 종종 받게 되는 질문이다. 인사치레일 수도 있겠지만, 그래도 말을 잘하는 방법에 대한 호기심으로 물어보는 경우가 대부분일 텐데, 이런 질문에 답을 생각하면서 문득 궁금증이 생겼다. 언제부터 말을 잘한다는 이야기를 듣게 되었으며, 어쩌다 '말'에 관한 일을 업으로 삼게 되었는지 말이다.

나는 분명 선천적으로 말을 잘하는 편이 아니었다. 2남 중 막내로 태어났고, 아버지 또한 여러 남매 중 막내였다. 그러니 어린 시절부터 친척들과 모임에 가도 늘 마지막 줄에 서야만 했다. 성장기를 거치며 위의 형들에 치여 지냈기 때문인지, 적극적으로 누군가를 설득하는 역할보다 다른 사람들의 이야기를 듣는 편이 오히려 편했던 듯싶다.

이는 달리 말하면, 타인과의 대화에서 주도적으로 말을 할 수 있는 환경에 노출되어 있지 않았다고도 볼 수 있다. 우리가 언어를 배울 때 귀에 못이 박히도록 듣던 말이 있다. 언어는 공부가 아니라 반복된 습관, 즉 훈련의 영역이라는 점이다. 외국어뿐 아니라 우리 일상의 말도 그 능력을 키우기 위해서는 일단 입에 인이 박이도록 익숙해져야 한다. 외국어를 배우기 위해서는 외국인과 대화하는 환경에 노출되는 것이 기본이듯, 우리의 말도 익숙해지기 위한 환경에 노출되는 것이 핵심이다.

나에게도 말에 관하여 특별한 환경에 노출되었던 순간이 있었다. 2006년 대학에서 총학생회장에 당선된 뒤, 이듬해 1년간 학생회장으로 온갖 사람들과 마주할 기회가 있었다. 돌이켜보면 그 순간이 말의 힘을 키우기 위해 주어진 최적의 환경이었던 것 같다.

정치인에게는 정치적 목적을 달성하기 위해 주어진 여러 무기가 있다. 국회의원의 경우, 보좌관 선임의 인사권이 있을뿐더러 예산의 심의, 법안 발의를 비롯한 심의 의결, 행정부를 감시할 수 있는 국정감사 등의 막강한 권한이 뒤따른다. 정치인들은 이런 권력을 지렛대 삼아 타인을 설득하거나 비판, 협상 등의 정치적 활동이 가능하지만, 대학의 학생회장에게 주어진 무기는 오로지 맨몸 하나에 불과하다.

주어진 각종 현안, 문제를 해결하기 위해 동원할 수 있는 수단은 학생의 여론을 형성하는 일인데, 이는 결국 '말'의 영역에서 이 뤄진다. 오로지 '말의 힘' 하나에 기대어 이해관계자를 설득해 낼 수 있는지에 따라 성과가 좌우된다.

그렇게 다양한 사람들을 만나서 대화하고 토론하는 일로 1년을 지내고 나니, 그 다음에는 어느 누구와 어떤 주제로 이야기를 나누 더라도 주도적인 대화와 토론을 이끌 수 있다는 자신감이 생겼다.

그래도 어느 정도 말의 기본이 되어 있으니까 학생회장 출마도 가능했던 것 아니냐, 이렇게 반문할지도 모르겠다. 특히 선천적으 로 말에 울렁증을 가진 사람이라면 노력으로 바꿀 수 있는 변화의 가능성에 대해 그저 다른 사람의 일인 양 치부해 버릴 수도 있을 것이다.

그래서 말과 관련된 환경에 놓이며 성장했던 과거 이야기 몇 개 를 해보려고 한다. 유년 시절 나의 말하기를 성장시킨 첫 번째 환 경은 성당 주일학교였다. 많은 숫자는 아니었지만, 군중이 모인 곳 에서 전례부 활동을 하며 매주 마이크를 잡았던 경험이 훗날 사람 들 앞에서 말하는 불안감과 두려움을 없애는 데 큰 도움이 되었다. 제대로 된 교육을 받았던 것도 아니었고, 발음이나 호흡 등에 대한 교정을 받은 것도 아니었지만, 대중 앞에서 이야기할 수 있는 경험 은 그 어떤 교육보다 값진 의미가 있었다는 생각이 든다.

대학을 졸업하고 얼마 뒤인 스물여덟, 지방의원에 당선되어 4

년의 의정활동 기회가 주어졌다. 지방의원은 국회의원과 달리 중앙 언론의 스포트라이트를 받을 기회가 현저히 적다. 하지만 지방의원의 일 역시 주민들의 생활과 밀접하게 연결된 주요 이슈들을 다루는 터라 어떤 경로를 통하건 이에 대한 소통은 필수적이다.

그래서 지방의회 및 지방자치단체는 지역 언론을 주민들과의 주효한 소통창구로 활용한다. 지방의원으로 4년을 지내면서 지역 케이블 방송의 인터뷰, 대담, 토론 등의 기회가 있으면 마다하지 않고 나서서 적극적으로 참여했다.

종편이나 지상파와 비교해서 대중에게 미치는 영향력이 매우 적긴 했지만 그래서 더 부담감이 적었고, 당시 경험한 시행착오는 훗날 방송 토론 실력을 다지는 데 큰 도움이 되었다. 이때 지역 케이블 방송과 맺은 인연이 카메라와 친숙해지는 결정적 계기가 된 셈이다.

과거를 돌아보니, 어떤 상황이건 대화하고 토론할 기회가 생길 때마다 주저하지 않고 적극적으로 참여하려 노력했다. 이런 참여가 축적된 경험이 되었고, 경험은 또 다른 기회가 주어졌을 때 큰 힘이 되어 돌아왔다. 현재 시사와 정치 평론을 업으로 수년째 방송에서 활동하고 있지만, 그 시작도 정말 우연히 출연했던 한 토론방송이 계기가 되었으니 말이다.

모두에게 주어진 상황과 여건은 조금씩 다를 수 있다. 하지만 분명한 건 말하고 토론할 기회는 매 순간 계속되고 있다는 것이다. 그럼에도 지금 당장 준비가 되어 있지 않은 것 같고, 다른 사람들에게 평가받는 것이 불편하고 두려워 입을 닫게 될 경우, '말의 힘'을 키울 기회는 계속 사라지게 된다.

만약 누군가 그 반대의 길을 걷고 있다고 상상해 보자. 계속되는 토론의 환경에 노출될 것이고, 조금씩 토론의 경험을 쌓으면서 새로운 기회를 만들며 '말의 힘'을 꾸준히 키워갈 수 있지 않겠는가.

토론은 책을 보면서 혼자 열심히 연구하고 고민해서 어느 날 전문가로 발전할 수 있는 영역이 아니다. 매 순간 우리에게 주어지는 토론 기회를 외면하지 말고, 꾸준하게 대화하고 토론하는 연습을 계속해 보자. 우리의 출발선은 모두 비슷한 지점이었음을 잊지 않으면서 말이다.

토론의 백미, 촌철살인의 비유

"닭의 모가지를 비틀어도 새벽은 오고야 만다."

—1979년 김영삼 야당 총재의 발언 중에서

1979년 10월 4일, 국회에서 헌정사상 초유의 일이 벌어졌다. 제헌 국회 이후 처음으로 국회의원의 제명 표결이 이뤄진 것이다. 제명 대상은 당시 야당 총재인 김영삼 의원. 김 총재가 헌정을 부정했다는 것이 의원직 제명의 이유였다.

그는 한국 정부가 민주화 조치를 하도록 미국이 역할을 해야 한다는 〈뉴욕타임스〉 기사를 인용해 당시 박정희 대통령의 심기를 불편하게 만들었고, 제명 과정은 여당이 주도하면서 일사천리로 진행됐다.

김 의원의 제명 표결은 본회의장이 아닌 공화당 의원들이 의원 총회 용도로 사용하던 146호 별실에서 이루어졌다. 야당 의원들은 이를 저지하려 나섰지만 무술 유단자가 주축인 경관의 방어벽을 끝내 넘지 못했다. 그렇게 당시 회의장에서는 출석 의원 159명 중 159표로 김 의원의 제명이 최종 결정되었다. 그리고 그는 정치사에 길이 남을 한 마디를 남긴다.

"닭의 모가지를 비틀어도 새벽은 오고야 만다."

당시 YS가 남긴 이 한 마디는 민주화를 염원하는 국민적 요구에 불을 지폈다. 야당 총재의 의원직 제명이라는 극단적 선택에도 민주화는 거스를 수 없는 시대적 요구임이 분명했다. 그는 닭의 비유를 통해서 민주화의 불가피성을 역설했는데, 짧지만 명료했던 이 말 한 마디는 민주화를 염원하는 대중들의 마음을 흔드는 데 부족함이 없었던 것 같다.

이후 부산과 마산에서 대규모 반정부 시위가 들불처럼 번졌다. 그리고 불과 며칠 뒤 부마사태의 수습을 둘러싼 언쟁 도중 10·26 사태가 촉발되는데, 유신체제는 그렇게 누구도 예상하지 못한 순간에 막을 내리게 되었다.

지난 역사를 돌아보면, 결정적 고비마다 대중의 마음을 움직였던 한 마디가 큰 역할을 하게 되었음을 알 수 있다. 그리고 YS가 남긴 말처럼 '비유'를 통해 던진 메시지는 더 큰 울림이 되어 대중 속에 회자되었다.

'비유'는 다음과 같은 사전적 정의를 가진다.

"어떤 현상이나 사물을 직접 설명하지 아니하고 다른 비슷한 현상이나 사물에 빗대어서 설명하는 일."

그러니까 우리가 흔히 '돌직구를 던진다'고 표현하는 것처럼 직설적으로 의견을 주장하는 것보다 보편적으로 이해 가능한 무언가에 빗대어 설명할 때 더 큰 설득력을 얻을 수 있다는 것이다.

비유는 더욱 많은 사람들에게 쉬운 설명과 전달이 가능하도록 만들어준다. 따라서 일상 토론에서도 적절한 비유를 사용하는 것은 논리적인 주장을 전개하는 것 못지않게 강력한 힘이 될 수 있다.

예컨대 전문성이 요구되는 정책 토론의 경우, 아무리 쉽게 주장하려는 논거를 설명하려 해도 대중에게 온전히 그 의미가 전달되지 않을 때가 많다. 그런 경우 우리 일상에서 쉽게 접할 수 있는 현상이나 사물에 빗대어 설명하는 비유를 활용한다면 쉬운 이해를 바탕으로 더 효과적인 설득에 나설 수 있다.

비유의 달인

'촌철살인의 비유' 하면 빼놓을 수 없는 인물이 고 노회찬 의원이다. 오죽하면 '비유의 달인'이라는 수식어가 늘 따라다닐 정도였는데, 그의 비유는 주로 대중이 사용하는 언어에 기반했기에 더 쉽게 와 닿았다.

한번은 야권 단일화에 관한 이슈로 토론이 벌어질 때였다. 당시 상대 진영에서 야권 연대면 당을 통합하든가 하지, 왜 같은 당도 아니면서 하나인 것처럼 행동하느냐고 물었다. 그때 그는 야권 연대의 필요성에 대해 구구절절 설명하는 대신, 다음과 같은 비유로 설명했다.

"우리나라랑 일본이랑 사이가 안 좋아도 외계인이 침공하면 힘을 합해야 하지 않겠습니까?"

19대 대통령 선거 때의 일이다. 당시 정의당을 지지하는 표가 '사표'가 된다는 문재인 후보 지지자들의 주장이 거셌다. 토론에서 문재인 후보를 향해 공격했다는 이유로 정의당 홈페이지에 각종 비판이 쏟아지기도 했으니 진보 진영 내에서도 선거를 목전에 두고 상당히 예민한 갈등 구도가 있던 상황이기도 했다. 과거 노회찬 전 의원이 서울시장에 출마하면서 표가 분산되었고, 당시 그 표 차이 때문에 한명숙 후보 대신 오세훈 후보가 시장에 당선된 적도 있었기 때문에 표 분산으로 인한 위기의식은 진보, 보수 할 것 없이 어느 진영에나 해당되는 이야기이기도 했다.

당선 가능성이 극히 낮은 정의당 후보에게 찍은 표는 결국 사표가 된다는 주장에 대해서 논리적 반박이 쉽지는 않았을 텐데, 당시 그는 다음과 같은 비유를 통해 대중의 마음을 움직이고자 했다.

"제가 듣기에는 이마트 사장이 국민에게 동네 슈퍼는 다음에 팔아주라고 하소연하는 상황이다."

엉뚱한 비유의 파괴력

반면 비유의 적절한 사용에 실패해서 토론에서 낭패를 본 정반대의 사례도 있다. 지난 2017년 대통령 선거 3차 토론의 안철수 후보가 바로 그 주인공이다. 박근혜 전 대통령 탄핵 이후 치러지는 선거에서 대선 후보들의 날 선 토론은 5차례에 걸쳐 생중계되었는데, 형식과 내용 등 여러 면에서 전 국민적 관심을 불러일으키기에 충분했다.

이 중 3차 토론은 특히 대세론을 형성하던 문재인 후보에 필적

할 정도로 안철수 후보의 지지율이 급상승하고 있던 때여서 대중의 관심은 더 뜨거웠다. 모두가 그의 입을 주목하고 있을 때, 뜬금없이 그는 다음과 같은 질문을 문재인 후보에게 건넸다.

"제가 안철수입니까, 갑철수입니까?"

안철수 후보가 물었다.
문 후보는 "그게 무슨 말씀이시죠?"라면서 되물었고, 안 후보는 재차 다음과 같이 물었다.

"제가 안철수입니까, 갑철수입니까?"

당시 이런 안 후보의 비유에 관해서 토론하는 후보도 사회자도 시청자도 한 번에 이해하지 못했다. 안 후보가 정작 하고 싶었던 이야기는 이런 질문이 있고 난 한참 뒤에야 이어졌다.

선거에서 안 후보는 여러 루머에 시달렸던 점이 신경 쓰였던 모양이다. 토론 중간 그가 흔들어 보였던 건 민주당에서 만든 문건이었는데, 본인에게 제기된 갑질 의혹이 바로 상대 진영에서 생산했다는 주장이었다. 그러니까 이런 루머를 만들어낸 정당의 후보가 이 문제에 대해서 분명하게 답을 했으면 좋겠다는 취지의 질문으로 이해가 된다. 그런데 문제는 이 토론을 지켜보는 대중이 이런 저간의 상황을 전혀 알지 못했다는 것이다.

이런 가운데 엉뚱한 비유의 사용으로 논리적 주장에 대한 공방은 온데간데없이 사라졌고, 토론 이후 안 후보에게는 '갑철수'라는 우스꽝스러운 이미지만 남게 되었다.

문제는 이게 끝이 아니었다는 사실이다. 이후 안 후보는 다시 문 후보에게 다음과 같은 질문을 건넸다.

"제가 MB 아바타입니까?"

안철수 후보가 물었다.

문 후보는 당혹스럽다는 표정을 지으며 "항간에 그런 말도 있죠"라면서 응수했다.

선거 기간 동안 있었던 루머를 한 번에 정리하고 싶었던 안 후보의 마음은 이해하지만, 이런 루머를 접하지 못한 국민도 상당했을 것이다. 그런데 본인 입으로 이 같은 비유를 끄집어내면서, 대중이 이에 대해 한 번쯤 생각해 보는 계기를 만들어준 셈이었다.

선거는 프레임 전쟁이라는 말이 있는데, 그는 토론에서 본인의 발언을 통해 자신에게 불리한 프레임을 스스로 던진 꼴이 되고 만 것이다. 안 후보는 적절한 비유를 들어서 자신에게 제기된 의혹들을 한 번에 해소하고 싶었겠지만, 상황에 어울리지 않는 비유 때문에 토론에서 우스꽝스러운 모습을 연출하게 되었고, 이후 정점을 찍었던 지지율은 더 올라가지 않고 내리막길을 걷는 결정적인 계기가 되었다.

성공적 비유의 조건

앞선 토론에서 볼 수 있듯, 비유가 성공적으로 전달되기 위해서는 일단 '누구나 아는 내용'을 비유의 대상으로 삼아야 한다는 것이다. 어렵거나 복잡한 내용을 간결하고 알기 쉽게 전달하기 위해 비유를 사용하는데, '이게 뭐지?'라는 반응이 나오면 이미 그 비유는 실패한 것이다.

토론자는 내가 알고 있다고 해서 모두가 알 거라고 생각하는 착각에서 벗어날 필요가 있다. 노회찬 전 의원의 토론 중 가장 널리 회자된 '삼겹살 불판론'의 비유는 '쉬운 비유'의 대명사처럼 쓰이기도 한다. 삼겹살 불판을 갈지 않으면 고기가 시꺼멓게 변하는 것처럼 50년 동안 갈지 않았던 정치판을 갈아야 한다고 그는 목소리를 높였다. 소수 정당으로 대중에게 지지를 호소해야 하는 입장에서 이보다 더 쉽고 간결한 비유가 있을까 싶다. 이처럼 토론에서 사용할 비유의 대상은 삼척동자도 알 수 있는 내용이어야 한다는 사실을 반드시 명심하자.

성공적 비유를 위한 조건을 하나만 더 찾자면 '간결함'을 꼽을 수 있다. 토론에서 비유를 활용하면서도 이 비유가 갖는 의미가 무엇인지 부연 설명하기 위해 애쓰는 경우가 있다. 내용에 딱 들어맞는 비유라 할지라도 왜 이런 비유를 들게 되었는지 곱씹어 생각해 보아야 하거나, 중의적인 다양한 의미로 해석될 수 있다면 토론에 적합한 비유라고 할 수 없다.

고 김종필 총리는 충청을 기반으로 자민련을 창당, 선거를 치르면서 다음과 같은 짧은 비유를 들었다.

"충청도가 이놈 저놈 아무나 입을 수 있는 핫바지 취급을 당해왔다."

"우리가 핫바지유?"

충청도를 핫바지에 비유한 간결한 수사로 그는 충청 민심을 결집했고, 선거에 승리할 뿐 아니라 한동안 충청의 맹주로 활약한 바 있었다. 우리가 흔히 쓰는 표현인 '자의 반 타의 반'이란 표현도 그가 1963년 공화당 창당 과정에서 반대파의 공격을 받고 외유를 떠날 때 남긴 말이었다. 이처럼 촌철살인의 비유로 오래

회자되는 말에는 간결함의 힘이 함께 작용함을 알 수 있다.

최근 정치인의 화법과 토론을 보면 촌철살인의 비유는 사라지고, 직설적인 화법으로 상대에 대한 인격모독 수준의 공격이 난무하는 것 같아 안타까운 마음이다. 좌중의 마음을 사로잡을 뿐 아니라 토론 상대에게 한 번 더 생각해 볼 계기도 만들어주고, 때론 역사에 한 획을 그을 수도 있는 품격 있는 발언이 다양한 비유를 통해 우리 사회에 풍성해졌으면 한다.

여백이 있는 토론

> "나는 당신이 너무 젊고 정치적 경험이 없다는
> 사실을 정치적으로 이용하지 않겠습니다."
>
> —1984년 대선 토론에서 나온 레이건의 말

1984년 레이건 대통령은 공화당 후보로 재선에 도전했다. 당시 그의 나이 73세, 고령화가 보편적인 현재 시점에서야 70대의 나이 문제가 크지 않을 수 있지만, 1980년대 초반에 70대의 나이는 분명 정치인에게 핸디캡일 수 있었다. 민주당의 대선 맞상대는 56세의 월터 먼데일 후보. 그는 레이건이 고령의 후보임을 강조하기 위해 토론에서 다음과 같이 물었다.

"당신의 나이에 대해 어떻게 생각하십니까?"

레이건은 나이에 관한 질문에 다음과 같이 응수했다.

"이번 선거에서 나이를 문제 삼을 생각은 없습니다."

짧고 단호한 레이건의 말에 먼데일은 이 말이 무슨 뜻인지 되물었다. 그러자 레이건은 만면에 미소를 머금은 채 이렇게 대답했다.

"당신이 너무 젊고 경험이 없다는 사실을 정치적으로 이용하지 않겠다는 뜻입니다."

먼데일은 할 말을 잃은 채 웃음으로 대답을 대신할 수밖에 없었다. 그리고 상대의 네거티브 공세를 품격 있게 응수한 레이건의 정치적 센스는 오랜 시간이 지나도 토론의 명장면으로 남게 되었다. 물론 선거 역시 레이건의 승리로 마무리가 되었다. 구구절절 여러 이야기를 쏟아내면서 왜 나의 주장이 옳은지 설파하는 말보다 여백이 있는 말 한 마디의 힘이 얼마나 큰지 보여 준 대표적 사례가 아닐까 싶다.

밤새워 토론해 보셨습니까

종합편성채널 JTBC의 〈밤샘토론〉이란 프로그램이 있다. 2013년 9월 외국의 한 토론 프로그램을 모티브로 삼아, 새벽까지 밤을 새워가며 뜨겁게 토론해 보자는 기획이었다. 현재는 초기와는 달리 토론 시간이 많이 줄었고, 실제 밤을 지새우면서까지 토론하지는 않는다. 하지만 방송 초기에는 정말 밤을 새우며 열띤 토론을 펼치던 때가 있었다.

야심차게 기획한 프로그램의 첫 방송에 청년 논객으로 초청을 받았다. 12시 반쯤 시작했던 토론이 새벽 5시가 다 되어서야 끝이 났으니 말 그대로 밤샘토론이었다. 그런데 시간 제약 없이 토론을 하면 하고 싶은 이야기를 다 할 수 있을 것만 같지만 실상은 그렇지 않았다. 시간이 길어지니 하나의 논제에 대해서 같은 주장이 도돌이표처럼 반복되는가 하면, 토론이 엉뚱한 방향으로 흐르기도 했다.

그러니까 당시 토론으로 분명하게 알 수 있었던 건 '충분한 시간이 주어진다 해도 하고 싶은 말을 다 할 수는 없다'는 사실이었다.

일반적인 방송 토론 및 대담 프로그램은 적게는 두 명에서 많게는 5~6명까지 나와서 사회자와 함께 이야기를 나눈다. 여럿이 함께하는 토론의 경우, 한 사람에게 주어진 발언 시간의 총량은 생각보다 짧다.

한 시사 프로그램의 예를 들어보자. 총 90여 분가량 방송이 진행되는데 발언할 기회는 패널당 평균 3~4회 정도이고, 1회에 발언할 수 있는 분량도 채 1~2분을 넘지 않기 때문에 압축적으로 말할 내용을 준비해야만 정해진 시간에 효과적인 전달이 가능하다.

때론 토론이 진행되는 동안 하고 싶은 말이 목구멍까지 올라올 때가 있다. 토론 상대의 주장에 대해서 반드시 반박해야 할 때도 있고, 중간에 재치 있는 사례나 비유가 떠오를 때도 있다. 그런데 그럴 때마다 사사건건 개입해서 주장을 늘어놓으면 정작 중요한 메시지를 전해야 하는 타이밍을 놓치는 오류를 범할 가능성이 있다.

아무리 드리블을 잘하는 축구선수라도 결정적 순간 골을 넣지 못하면 의미가 없는 것처럼, 토론에서 많은 이야기를 쏟아내고 다양한 주장을 하는 것만이 능사는 아니다. 논리적 전개에 꼭 필요한 주장이라면 토론 순서에 구애받지 말고 개입해야겠지만, 그런 경우가 아니라면 주어진 짧은 시간 동안 효과적으로 핵심만을 전달하는 연습을 할 필요가 있다.

히딩크의 말. 말. 말!

"I'm still hungry."

짧은 한 마디로 전 국민에게 강인한 인상을 심어준 기억을 꼽으라면 단연 2002년 월드컵에서 거스 히딩크 감독이 남긴 말 "나는 아직도 배가 고프다"가 떠오른다. 한국 축구 역사상 월드컵 최초

16강을 이뤄낸 것만으로도 충분히 축제의 기분을 만끽할 수 있었는데, 이탈리아와 16강 경기를 앞두고 그가 남긴 이 말 한 마디는 많은 이들에게 할 수 있다는 꿈과 희망, 기대와 설렘을 갖도록 만들어주었다.

국민적 영웅으로 오래 기억되는 그에게도 꽃길만 있었던 것은 아니었다. 월드컵 경기를 한 해 앞둔 2001년 프랑스, 체코와의 경기에서 5대 0으로 대패하고 난 뒤 여론은 극도로 악화되었고, 심지어 히딩크 경질론이 급부상했던 적도 있었다. 국내 팬들에게 '오대영'이라는 한국 별명까지 얻게 된 그에게 당시 여론은 무척 차가웠고, 그의 대표팀 운영방식에 대한 문제 제기도 이어졌다.

하지만 히딩크 감독은 자신에게 쏟아지는 비난에 정면으로 맞서며 선수와 국민에게 확신을 심어주려 노력했는데, 이런 말을 남기기도 했다.

"여론을 수렴하다 보면 철학이 흔들린다. 나는 나의 길을 가겠다."
"영웅이 될지, 지옥에 갈지는 신경 쓰지 않는다."

경기에 패배한 뒤, 원인을 묻는 취재진의 질문에 대해서 선수 탓을 하거나 구구절절 변명을 늘어놓는 감독들도 더러 있었다. 하지만 히딩크는 그런 길을 택하지 않았다. 오히려 짧고 강력한 한 마디 말로 자신에게 제기된 비난을 일축하는가 하면, 때로는 국민에게 더 많은 기대감과 희망을 심어주기도 했다.

돌이켜보면 '꿈은 이루어진다'는 문구가 전국에 펼쳐지면서그때처럼 많은 국민에게 희망과 설렘을 느끼게 해주었던 시기가 또 있을까 하는 생각이 들기도 한다. 히딩크 감독도 하고 싶은 말이 많았겠지만, 상황마다 필요한 한 마디를 짧고 간략하게 던지면서 그가 원하는 방식으로 팀을 이끌어갈 수 있었다.

여백과 함께 조크가 더해진다면

다시 레이건에 관한 이야기다. 1981년 3월 30일 오후 2시 26분, 레이건 대통령이 워싱턴 힐튼 호텔에서 피격을 당했다. 연설을 마치고 대통령 전용차에 오르던 순간, 불과 3미터 거리에서 총격에 노출된 것이다. 탄환이 폐를 건드려 제거 수술을 받아야 했던 심각한 상황. 그는 병원에 실려 가면서 부인인 낸시 레이건 여사에게 다음과 같이 농담을 건넨다.

"예전처럼 영화배우였다면 잘 피할 수 있었을 텐데……."

충격적인 암살 미수를 벌였던 범인의 정체가 드러났다. 그는 자신이 동경했던 영화배우 조디 포스터가 '대통령을 저격하면 자신에게 고백할 것'이란 생각을 하는 과대망상의 정신이상자였다.

영화배우 출신의 레이건 대통령이 충격적인 상황 속에서도 주변을 안심시키기 위해 꺼내든 말은 다름 아닌 '유머'였고, 짧은 이 말 한 마디는 대중의 마음을 흔들기에 충분했다.

링컨 대통령도 유머로 상황을 반전시켰던 원조 촌철살인의 정치인 중 하나다. 상원의원 선거에서 정치적 정적 더글러스는 그에게 날 선 공방을 멈추지 않았다. 한번은 유세장에서 링컨에게 '두 얼굴을 가진 이중인격자'라며 인격 모독성 발언을 쏟아내었다. 만약 우리 정치에서 이런 말이 오갔다면 서로 삿대질과 함께 더 거친 막말이 오갔을 개연성이 농후하다. 그런데 이런 공격적 발언에 대한 링컨의 대답을 보면, 오히려 여유와 유머가 넘쳐난다.

"여러분의 판단에 맡기겠습니다. 만일 내가 또 하나의 얼굴을 갖고 있다면 이 자리에 이렇게 못생긴 얼굴을 들고 나왔겠어요?"

오바마 또한 퇴임하는 마지막까지 대중에게 함박웃음을 선사하는 조크를 아끼지 않았던 정치인이었다. 그는 임기 종료 무렵, 백악관 출입기자단 초청 연례 만찬에서 자신의 레임덕 신세를 언급하며 영국 왕자를 끌어들였다. 그가 영국을 방문했을 때 윌리엄 왕

세손의 아들인 조지 왕자를 만났다. 당시 조지 왕자는 잠잘 시간이었기에 잠옷 차림으로 오바마를 만났는데, 오바마는 이를 빗대어 이렇게 너스레를 떨었다.

"머리도 희끗희끗해지고, 이제 사망 선고가 떨어질 날을 세고 있다. 지난주 만난 영국의 조지 왕자는 심지어 잠옷을 입고 나왔다. 외교 의전을 완전히 무시하다니. 한 대 얻어맞은 기분이다."

2013년생인 조지 왕자의 당시 나이는 세 살이었다. 오바마는 임기 말 레임덕 현상을 조크에 빗대 언급하면서 좌중을 폭소케 했다. 그리고 딱 두 마디만 더 하겠다면서 "오바마 아웃"이라는 말을 남기고 관중의 기립박수와 함께 무대를 떠났다.

말을 아껴야 하는 이유

우리의 말 또한 여백의 미가 필요하다. 하고 싶은 말을 다 끄집어낸다고 만족할 만한 토론이 되는 건 아니다. 가끔 아내와 말다툼을 할 때, 꾹꾹 눌러둔 이야기를 작정하고 끄집어내 다 쏟아내고 나면 그 끝은 정말이지 최악으로 치닫게 될 뿐이다.

간결한 말이 지닌 힘은 우리의 일상뿐 아니라 토론에서도 분명히 확인할 수 있다. 성공적인 토론을 원한다면 최대한 말을 아끼는 것이 좋다. 말이 길어지면 굳이 하지 않아도 될 불필요한 말을 전할 수 있고, 이는 토론 상대에게 공격의 빌미가 될 수도 있기 때문이다.

또한 토론 상대가 던진 주장에 너무 깊게 빠져들 필요도 없다. 토론 상대의 주장에 반박하기 위해 너무 많은 이야기를 늘어놓을 경우, 정작 강조하고 싶은 핵심 내용 전달에 무게중심이 잡히지 않게 된다.

여백이 있는 간결한 말 한 마디의 힘을 믿는다면 대화와 토론에서 여유를 갖기 위해 노력해 보자. 어떤 상황에서도 흥분하지 않고 침착하게 객관적으로 상황을 조망하기 위한 노력이 우선시되어야 한다. 상대의 공세에 맞대응해서 하고 싶은 말을 전부 쏟아내서는 안 된다.

레이건이 총격을 당한 상황에서도 여유를 잃지 않기 위해 유머로 주변을 안심시켰던 것처럼, 지금 이 순간 꼭 필요한 한 마디가 무엇인지 고민해야 한다.

오디션 프로에서 심사위원으로 나섰던 한 가수는 노래를 부르는 참가자들에게 유독 '공기 반, 소리 반'을 강조했다. 그런데 노래뿐 아니라 토론에도 분명 '공기 반, 소리 반'이 필요할 때가 있다.

바꾸어 말하면, 여백이 있는 토론이 선명한 메시지를 각인시키는 데 유용하다는 뜻이기도 하다.

토론에 주어진 시간에 집중해야 할 우선순위를 정리해 보고, 중요한 내용이 아닌 경우 과감하게 생략해 보자. 하고 싶은 말을 다한다고 만족할 만한 토론으로 이어지는 것이 아님을 늘 염두에 둘 필요가 있다.

공감이 전하는 힘

> "공감한다는 것은 다른 누군가의 처지가 되어 보는 것입니다.
> 우리와 다른 사람의 눈으로, 배고픈 아이들의 눈으로,
> 당신 기숙사 방을 청소하는 이민 노동자의
> 눈으로 세상을 바라보는 일입니다."
>
> —노스웨스턴 대학 오바마의 연설 중에서

얼마 전 국회 예산심의 과정에서 있었던 일이다. 한부모 가정을 위한 시설예산 61억가량을 정부가 편성했는데, 한 의원이 이 예산을 전액 삭감해야 한다고 주장하고 나섰다. 전액 삭감을 둘러싸고 여야 의원 공방이 치열하게 오가던 중, 당시 기재부 차관이 나서서 울먹이며 다음과 같이 읍소했는데 차마 더 말을 잇지 못했다. 그리고 언론을 통해 이런 내용이 그대로 보도되었다.

"한부모 가정, 다른 말로 하면 미혼모 시설인데, 실제 저희 직원들이 방문을 했는데 공통적인 현상이 한부모 시설에 있던 아이가 나중에 보면 고아원에 가게 되고, 고아원에 가면⋯⋯."

자신의 지역구 예산을 챙기면서 '한부모 가정'에 지원하는 예산을 삭감했다는 소식이 전해지면서 매정한 의원에 대해 따가운 비판이 쏟아졌고, 결국 이 예산은 삭감되지 않은 채 당초 원안대로 최종 의결될 수 있었다.

국회의 예산심의는 여야 국회의원이 관련 부처 공직자와의 토론을 통해 이루어진다. 물론 이 과정에서 막강한 권한을 지니는 건 당연히 심사 및 의결 권한을 가진 국회의원들이다. 따라서 예결위 소위 의원들과 논리적 토론으로 정부의 편성 예산을 관철해 내기란 여간 어려운 일이 아니다. 그런데도 어려운 이웃의 마음을 함께 이해하려는 '공감'적 접근이 가능하다면, 높디높은 국회 예산심사의 문턱도 손쉽게 넘을 수 있음을 분명히 보여준 사례가 아닐까 싶다.

버스요금 70원

공감 능력을 제대로 보여주지 못해서 대한민국을 떠들썩하게 만들었던 사례 하나가 더 있다. 대기업 회장이자 대한민국의 유력 대권 주자로 거론되었던 한 정치인이 라디오 방송에 출연했을 때의 일이다. 2008년 당 대표 경선을 두고 벌인 '후보 간 토론 생중계'에서 같은 당의 경선 상대 후보가 이렇게 물었다.

"스스로가 부자라고 생각 안 한다는데, 서민들이 타고 다니는 버스 기본요금이 얼마인지 아시나요?"

그리고 그는 별 망설임 없이 질문에 대해 다음과 같이 답했다.

"굉장히 어려운 질문을 했는데, 요즘은 카드로 계산하지 않습니까. 한 번 탈 때 한 70원 하나요?"

이 발언 이후, 그는 정치 활동 내내 '버스요금 70원'이라는 꼬리표를 달고 다녀야만 했다. 당시 서울의 시내버스 요금은 1천 원이었고, 마을버스 요금이 700원이었다. 이 정치인은 논란이 커지자 "마을버스를 이용하며 요금이 700원이었던 것으로 기억하는데 그것을 70원으로 착각했다"라고 해명했지만 이미 버스는 떠난 뒤였다.

가뜩이나 재벌 2세인 그가 평범한 국민의 소소한 일상을 얼마나 이해할 수 있겠냐는 비판도 적지 않았던 가운데, 70원 요금 발언은 이런 인식이 더 굳어지는 결정적 계기가 되었다. 그리고 그는 이후 교통카드 기능이 갖춰진 신용카드를 장만하고, 간혹 대중교통을 이용했다고 한다.

위의 두 가지 사례는 정치인의 토론에서 공감능력 부족이 얼마나 치명적인지를 분명하게 보여주고 있다. 타인에 대한 공감이 결여된 주장은 마찬가지로 대중의 공감도 얻을 수 없다.

아무리 훌륭한 달변가라 할지라도 토론 상대와 공감하기 위해 노력하지 않은 사람은 좋은 평가를 받을 수 없다. 또한 충분히 논리적인 주장이라도 사회적 약자의 아픔에 대해서 공감하지 못한다면, 감정적인 동의를 끌어내는 데 한계가 있다.

공감은 다른 사람의 눈으로 세상을 바라보는 일이다. 우리가 토론하면서 공감을 한다는 것은 이처럼 다른 사람의 입장이 되어 보는 데서 시작하는 것이다. 비록 토론하는 상대와 서로 다른 입장에 서 있을지라도 왜 이런 주장을 하는지 이해하기 위한 최소한의 노력은 반드시 필요하다.

공감의 시작은 '역지사지'

하지만 우리가 현실에서 마주하는 토론은 수준 높은 '공감'은 차치하고서라도, 상대에 대한 최소한의 인정조차 찾기 어려울 때가 많다. 특히 정치에 관한 토론은 늘 대결 구도에서 쉽게 벗어나지 못하곤 하는데, 결국 내가 옳다는 확신에 사로잡혀 상대 진영의 눈으로 세상을 바라보기 위한 노력을 등한시한 결과가 아닐까 싶다. 이럴 때 내 주장에 관한 오류의 가능성을 염두에 두고 있다면 역지사지하는 자세를 견지하기가 한결 수월하다. 과거에는 확신에 찬 발언이었지만, 시간이 지나 돌아보면 전혀 사실과 부합하지 않는 주장들도 적지 않기 때문이다.

1992년 한 TV 프로그램에서 서태지와 아이들의 데뷔곡을 들은 이수만은 다음과 같은 평가를 내놓았다.

"멜로디가 부족하군요. 음도 불안하고. 가요계는 만만한 곳이 아닙니다."

이후 1990년대 한국 대중문화의 아이콘으로 불릴 정도로 막강한 영향력을 행사하면서 돌풍을 일으켰던 서태지와 아이들의 신화를 지켜보면서 그의 심정은 어땠을까.

같은 해 킴 베이싱어는 영화 〈원초적 본능〉의 캐스팅을 거부하면서 이렇게 말했다.

"이건 너무 난잡해요. 이런 영화가 인기를 끌 것 같나요?"

결국 영화의 주인공은 샤론 스톤의 몫으로 돌아갔고, 그녀는 이 영화로 이른바 할리우드 최고 스타로 등극했을 뿐 아니라 전 세계적인 인기를 얻게 되었다. 당시 대한민국에서도 여러 광고에 그녀가 등장할 정도로 샤론 스톤의 인기는 뜨거웠다. 어린 시절 비디오 가게에서 18세 관람 불가였던 그 영화를 보기 위해 친구들과 서성거렸던 기억을 더듬어보니, 킴 베이싱어의 단호한 거절의 후과는 정말이지 컸던 것 같다.

1950년경, 맥아더 장군은 한국전쟁으로 폐허가 된 서울을 돌아보며 이런 말을 남기기도 했다.

"이걸 복구하는 데 최소 100년은 걸릴 것이다."

물론 1950년대 한국전쟁의 상황을 지켜본 이들이라면 폐허가 된 서울의 눈부신 발전을 점치기는 정말 쉽지 않았을 것이다. 하지만 '한강의 기적'이란 말처럼 세계사에 유례없는 경제 성장과 민주화를 동시에 이룩한 대한민국의 역사는 복구에 최소 100년의 세월이 걸릴 것이라던 그의 말을 무색하게 만들어버렸다.

아마 과거에 이런 말을 한 당사자들도 훗날 자신이 세기적 실언의 주인공이 되리라고는 꿈에도 생각하지 못했을 것이다. 가장 극단적인 말의 사례들을 이야기한 측면이 없진 않지만, 중요한 건 세상에 오류가 없는 완전한 주장은 존재하지 않는다는 사실이다.

따라서 토론에서 나와 다른 주장에 귀를 기울이고, 다른 관점과 입장에서 생각하기 위한 최소한의 노력을 보이는 건 타인과의 '공감'을 위한 가장 기본적 자세라고 할 수 있다. 역지사지의 정신을 바탕으로 토론 상대와 공감하려는 노력을 멈추지 않는다면 분명 이를 지켜보는 청중의 공감도 함께 이끌어낼 수 있을 것이다.

다른 누군가의 처지가 되어 보기 위한 최소한의 노력. 우리에겐 말과 토론에서, 그리고 우리의 삶에서도 공감을 장려하는 문화가 반드시 필요하다.

토론의 절반은 자신감이다

내가 분명히 말했지, 내가 진정한 챔피언이라고!
내가 분명히 말했지, 내가 세계 챔피언이라고!

—조지 포먼과 경기 후 인터뷰에서

1974년 10월 30일, 헤비급 역사상 최고의 핵주먹으로 평가받던 WBC·WBA 챔피언 조지 포먼에 무하마드 알리가 도전장을 내밀었다. 당시 24세의 조지 포먼은 기량이 절정에 달한 상태였던 반면, 32세의 노장 알리는 베트남 징병 거부로 선수 자격을 박탈당해 25세에서 29세까지 4년간의 공백이 있었다.

전성기의 알리는 "나비처럼 날아서 벌처럼 쏜다"는 어록처럼 빠른 스피드가 장기인 선수였다. 하지만 이미 신체적으로 민첩성이 떨어진 시기였고, 최고의 전성기를 구가하는 강편치 조지 포먼과의 경기였기 때문에 알리의 승산을 점치는 건 거의 불가능에 가까웠다.

알리는 경기를 앞두고 그의 패배를 점치는 언론과의 인터뷰에서 다음과 같이 말했다.

"너희들 모두 포먼이 이길 거라고 생각하는 거 다 알아. 하지만 두고 봐라, 내가 얼마나 위대한지!"

마침내 경기가 시작되었다. 그런데 당초 알리가 무기력하게 제압될 거라는 예상은 완전히 빗나갔다. 2라운드에 들어서면서, 알리는 'Rope-a-dope' 전술을 통해 포먼의 강펀치를 적극적으로 유도했다. 로프에 기대서 상대의 펀치를 그대로 받아내는 전술인데, 반동으로 본인의 데미지는 최소화하면서 상대가 지치기를 기다리는 심산이었다.

알리가 최초로 창시한 이 전술에 영국의 〈가디언〉지는 "스포츠 역사상 가장 위대한 도박이다"라고 평가하기도 했다. 자칫 포먼의 강펀치에 완전히 경기가 제압될 수도 있기 때문에 이 전술을 두고 알리의 자살행위가 아니냐는 질문까지 충분히 가능했다. 하지만 결국 알리의 의도대로 펀치를 날리는 포먼은 점점 지쳐갔고, 알리의 순간적인 역공 펀치는 거의 모두 적중했다.

8라운드에 이르러서 포먼은 거의 탈진 상태처럼 보였는데, 라운드 종료 13초 전 알리는 그림 같은 펀치로 결국 포먼을 무너뜨렸다. 링에 다운된 포먼을 향해서 케이오 카운트가 들어간 시간은 종료 10초 전이었으니, 정확히 8라운드 0초에 케이오 선언과 휘슬이 울리는 영화 같은 장면이 연출된 셈이다.

잘 알려진 것처럼 알리는 위대한 복싱선수인 동시에 강경한 흑인인권운동가였다. 알리가 전성기 시절 챔피언 자리를 박탈당하고, 4년 가까운 시간 동안 경기를 치르지 못했던 이유는 베트남 전쟁에 반대하며 징병을 거부했기 때문이었다. 과거 그는 징병을 거부하면서 세상에 이런 말을 남기기도 했다.

"나는 당신들이 아니라 내가 원하는 챔피언이 되겠다. 베트콩들은 우리를 검둥이라고 욕하지 않는다. 베트콩과 싸우느니 흑인을 억압하는 세상과 싸우겠다."

당시 조지 포먼과의 역사적인 경기가 열린 장소는 아프리카의 콩고 킨샤사였는데, 이 또한 그의 신념이 반영된 선택이었다고 한다. 알리에게는 강제로 빼앗긴 챔피언을 되찾아야 한다는 굳은 신념이 있었다. 그리고 이미 전성기가 지났지만, 충분히 세계 챔피언으로서 자신이 우뚝 설 수 있다는 자신감도 있었다. 이를 위해서 그는 자신에게 가장 유리한 전략을 세웠고, 결국 이런 목표와 전략을 바탕으로 전 세계를 깜짝 놀라게 만드는 데 성공했다.

알리는 경기장에 선 선수로서도, 인권운동가로서도 자신의 이야기를 전할 때에 늘 자신감이 충만했다. 포먼과의 경기에서 이기고 챔피언으로 재등극한 그의 역사를 접하면서 이런 그의 자신감을 다시 한번 돌아보게 되었다.

모두가 패배할 거로 전망했던 경기 전부터 "내가 세계 챔피언!"이라고 여러 차례 외쳤던 그의 자신감이 있었기 때문에 불리한 여건에도 불구하고 '도전'할 수 있었고, 새로운 전략을 통해 승리의 확률을 높일 수 있었다.

'확고한 신념', 자신감의 시작

사실 알리가 세상에 남긴 어록과 사회운동 행적은 복싱에 관한 스토리 못지않게 흥미로운 내용이 많다. 그런데도 토론을 주제로 하는 책을 만들면서, 그의 말보다 전설 같은 복싱 이야기에 주목한 이유는 그의 '자신감'에서 비롯된 힘을 보여주고 싶었기 때문이다. 영화보다 더 극적인 승리를 보여준 알리의 경기에서 자신감이 중요한 역할을 했던 것처럼 토론에서도 자신감은 성공적인 토론을 결정짓는 주요한 요인 중에 하나로 볼 수 있다.

자신감은 자기 자신이 옳다고 믿는 확신에서 비롯된다. 그런데 자신의 신념과 주장에 강한 확신이 없다면 토론에서 아무리 논리적인 근거에 기반하여 주장을 펼치더라도 청중의 마음을 강렬하게 사로잡기 어렵다.

그리고 이럴 경우, 만약 반대 측 토론자가 탄탄한 논거와 강한 신념을 바탕으로 자신감 넘치는 주장을 하게 된다면 심리적으로 위축될 가능성이 매우 높다. 물론 여기에서 말하는 자신감은 '근자감'이라 불리는 근거 없는 자신감과는 반드시 구별해야 한다.

경기 전 보여준 선수의 자신감은 링 위에서 실력으로 판가름 난다. 토론의 자신감도 마찬가지다. 만약 강한 자신감으로 주장하더라도 합리적 논거를 분명하게 제시하지 못한다면, 그 주장은 자신감의 표현이 아니라 '허언'으로 비춰질 공산이 크다.

자신감을 뒷받침하는 '철저한 준비'

토론에서 근거 있는 자신감을 확보하기 위해서 반드시 뒤따라야 하는 것은 '철저한 준비' 여부일 것이다. 이미 신체적으로 노쇠한 알리는 과거의 방식으로 전성기의 포먼을 이기기에 역부족임을 인식했기 때문에 로프를 이용한 전술을 철저하게 준비했고, 스스로에게 승리를 확신하는 자신감을 심어줄 수 있었다.

불교 경전인 『열반경』에서 비롯된 '맹인모상'이란 성어가 있다. 옛날 인도의 왕이 진리에 대해 말하던 중 장님 여섯 명에게 손으로 코끼리를 만져보고 각기 자기가 무엇을 만졌는지 말해 보도록 했다.

그들은 코끼리의 다리, 코, 이빨, 귀 등 저마다 자신이 만진 위치에 따라 다른 주장을 펼치며 다투었고, 이를 두고 왕이 신하들에게 진리에 대해 다음과 같이 가르쳤다고 한다. 코끼리는 하나지만 제각기 자신이 알고 있는 것만 이야기하니 진실을 바라보는 시각도 이와 다르지 않다고 말이다.

토론에서 필요한 준비도 이와 같다. 토론의 특정 주제와 관련되어 경제학자가 바라보는 시각, 사회학자가 바라보는 시각, 종교학자가 바라보는 시각은 저마다 다를 수밖에 없다. 다양한 시각에서 전체를 조망하듯 토론 주제에 제기될 수 있는 여러 주장과 논거들을 미리 준비해 본다면 실제 토론에서 큰 도움이 될 수 있다.

토론 주제에 대한 충분한 사전 준비와 이를 바탕으로 한 자신감으로 무장되어 있으면 성공적인 토론을 위한 절반의 산은 넘은 셈이다. 불가능한 경기에 대한 승리를 확신했던 알리처럼 세밀하게 준비하고 또 자신 있게 토론에 나설 때 어떤 토론 상대와 마주하더라도 즐기는 토론을 할 수 있지 않을까.

CHAPTER 4

대화의 리더십을 기르기 위한 습관

습관의 힘

러시아의 대문호 도스토옙스키는 "인생에서 두 번째 반평생은 첫 번째 반평생에서 생긴 습관으로 구성될 뿐이다"라며 습관이 삶에서 차지하는 중요성을 이야기한 바 있다. 공자도 『논어』에서 '성상근야 습상원야性相近也 習相遠也'라며 습관의 중요성을 강조했는데, 사람의 본성은 비슷하나 습관에 의해 멀어진다는 가르침으로 볼 수 있다.

비슷한 맥락에서 파스칼은 "습관은 제2의 천성으로 제1의 천성을 파괴한다"는 말을 남기기도 했다. 그러니까 동서고금을 막론하고, 선천적 능력보다 후천적 노력으로 형성된 습관이 얼마나 큰 힘을 가지는지에 대한 인식에는 큰 차이가 없어 보인다. 대화의 리더십을 키우기 위한 습관의 중요성 또한 이와 같다.

말의 힘 또한 같다. 타고난 재능이 말의 힘을 기르는 데 비교적 수월할 수는 있겠으나, 이런 능력이 어느 날 갑자기 얻을 수 있게 되는 것은 결코 아니다. 말의 힘을 기르는 일이야말로 좋은 습관을 형성하고 노력하는 일에서 그 결과가 분명 달라질 수 있다.

새로운 습관을 마련하기 위해 제일 필요한 것은 불편함을 견디고 익숙해지기 위한 노력이다. 하지만 '작심삼일'이란 말처럼 익숙하지 않은 행동을 습관화시키기 위해서 3일이란 시간을 버티어내는 것도 실제 쉬운 일이 아니다. 과거 야심차게 헬스장 정기 회원권을 끊었지만, 결국 시간이 조금 지난 뒤 손해를 감수하면서 일부라도 환불해야 했던 경험이 여러 차례 있다. 이런 나의 경험처럼 현재의 익숙함으로 돌아가려는 몸의 반사작용을 이겨내는 일은 어렵지만 반드시 극복해야 하는 과정인 셈이다.

그렇다면 과연 얼마나 많은 시간 동안 이런 불편함을 감수해야 새로운 습관이 몸에 착 달라붙을 정도로 익숙해지는 것일까.

66일의 노력, 새로운 습관을 만들다

영국 런던대학교는 불편함을 견뎌내고 새로운 습관을 만들기 위해 얼마만큼의 시간이 필요한지에 대해 연구했다. 런던대학교

심리학 연구팀의 과학적 분석 결과에 따르면, 누군가 새로운 행동에 적응하기 위해서 소요되는 시간은 평균 66일이라고 한다. 그러니까 익숙한 패턴의 행동이 아닌 새로운 행동에 대해서 몸이 편안하게 받아들이기까지는 최소한 두 달 정도의 시간이 필요함을 알 수 있다.

만약 이 시간을 견뎌낼 때 우리는 얼마든지 자신이 원하는 행동을 습관화할 수 있다. 새로운 습관이 우리 삶에 미치는 영향을 생각해 본다면 두 달이라는 시간은 얼마든지 불편함을 감수하고 또 견뎌내기 위해 노력해봄 직하다.

물론 평균적인 수치이기 때문에 누군가는 새로운 습관을 만드는 데 두 달이 채 걸리지 않을 수도 있고, 누군가는 더 긴 시간이 소요될 수도 있다. 그럼에도 런던대학교의 연구는 목표를 달성하기 위한 충분한 동기, 의지와 노력이 있으면 누구든지 새로운 행동을 습관화할 수 있다는 가능성을 보여주었다는 점에서 충분한 의의가 있다.

우리의 말도 습관을 어떻게 갖는지에 따라 영향력이 달라질 수 있다. 66일의 노력이 있으면 습관을 만들 수 있고, 그 습관이 일상이 되면 타고난 재능과 관계없이 '대화의 리더십'을 힘 있게 키워나갈 수 있을 것이다. 게다가 이런 말과 대화에 관한 습관은 우리 삶과도 매우 밀접하게 연계되어 있다.

습관으로 굳어진 말

우리가 평소에 사용하는 '말'은 습관으로 다져진 가장 대표적인 결과물이다. 문제는 나쁜 습관이 오랜 사용으로 굳어진 경우인데, 이럴 때는 무엇이 문제인지 스스로 인지하기가 쉽지 않다.

우리나라에는 존댓말이라는 독특한 언어문화가 있다. 대화의 내용과 별개로 대화 상대에게 어떤 존칭어를 사용하는지에 따라 대화의 분위기는 사뭇 달라질 수 있다.

대학 시절부터 인연을 맺고 있는 한 저명인사의 경우, 언제 어디서 누구를 만나든지 늘 존칭어가 생활화되어 있다. 그는 대화 상대에 대한 최소한의 배려라는 생각 때문에 늘 존칭어를 써왔는데, 이제 습관이 되어 입에 붙었다고 한다. 꽤 오랜 세월 동안 가까운 친분을 유지하고 있음에도 그는 여전히 대화에서 존칭어를 생략하지 않는다.

반면 정반대의 케이스도 있다. 또 다른 저명인사는 거의 모든 경우 누구에게나 반말을 한다. 좋게 해석하면 친밀감의 표현일 수 있지만, 가깝지 않은 관계에서 반말은 나이와 지위 고하를 떠나서 불쾌한 감정으로 받아들여질 수도 있는 대목이다.

즉, 어떤 말의 습관을 지니고 있는지는 그 사람이 전하는 말에 긍정적 영향력을 키울 수도 있지만, 오히려 부정적 영향력을 증폭시킬 수도 있다. 존칭어의 사용은 아주 기본적인 말의 습관 하나에 불과하다. 내가 사용하는 일상의 언어를 곰곰이 돌아보면, 불필요한 비속어의 지속적 사용, 상대방의 대화 도중 말을 끊는 행동 등 지금 당장 버려야 할 나쁜 습관들을 여럿 발견할 수 있을지 모른다.

대학 시절 영어 공부를 하면서 중국어 공부를 동시에 하려고 하니 무엇 하나 제대로 학습하지 못하고 실패했던 기억이 있다. 대화의 리더십도 마찬가지다. 대화 역량 강화를 위한 여러 습관을 한 번에 마련하려고 하면 결국 한 가지 습관도 제대로 만들지 못한 채 포기하고 마는 실수를 할 수 있다.

새로운 습관이 몸에 배기 위해서 가장 먼저 고려해야 할 점은 목표를 분명히 하고, 어떤 습관이 내게 가장 필요한지 우선순위를 정하는 것이다. 앞선 장에서 설명한 효과적인 대화법, 논리적인 토론법 등 여러 방법은 각자 처한 환경 속에서 저마다 필요하다고 생각되는 우선순위가 다를 수 있다.

이번 장에서는 누구에게나 보편적으로 적용될 수 있는 말하기 습관에 관한 이야기를 주로 다룰 것이다. 누구나 손쉽게 따라 할 수 있기에, 반복해서 익히면 말의 힘을 위한 기초를 탄탄하게 다져 줄 습관이 될 것이다.

영국의 시인이자 극작가인 존 드라이든이 남긴 명언처럼, 말의 힘을 키우기 위해 필요한 습관이 무엇인지 확인하고 익숙해지기 위한 노력을 해보자. 새롭게 다져진 말의 습관은 분명 그 이후 우리의 말을 강하게 만들어줄 것이다.

시작은 메모에서

1861년 3월 4일, 링컨 대통령은 취임식 전 예배에서 다음과 같은 말을 들었다.

"미국의 민주주의는 하늘이 내려준 축복이다. 국민의, 국민에 의한, 국민을 위한 정부는 이 지상에서 영원히 사라지지 않을 것이다."

링컨은 이 말을 바로 메모했고, 같은 해 11월 19일 역사적인 게티즈버그 연설에서 이 내용을 인용했다. '링컨의 2분 연설'이라고 알려질 정도로 짧은 연설문이지만 미국의 건국 정신을 지키기 위해 목숨을 바친 병사들의 넋을 위로하고, 민주주의 이념을 지키기 위한 노력을 언급한 세계적인 연설로 기억되고 있다. 그리고 이런 명연설이 가능했던 배경에는 링컨의 메모와 기록 습관이 있었기 때문이다.

어설픈 메모가 완벽한 기억보다 낫다

링컨이 즐겨 쓰는 긴 모자 안에는 항상 연필과 종이가 들어 있었다. 그가 보고 들은 새로운 이야기들을 비롯해 문득 떠오르는 아이디어들을 메모하고 기록하기 위함이었다. '어설픈 메모가 완벽한 기억보다 낫다'는 다산 정약용 선생의 말처럼 사람의 기억에 의존하는 것은 한계가 있기 때문에 메모는 창의적인 아이디어 생산을 위한 출발이기도 하다.

메모광으로 널리 알려진 에디슨도 평소 노란색 공책에 여러 아이디어를 메모하고 기록했는데, 이런 메모의 내용을 시각화할 때 위대한 발견을 할 수 있다고 믿었다고 한다. 에디슨은 과거 한 모임에서 "빛을 내는 것을 만들면 어떠냐"는 말을 듣고 메모를 남긴 적이 있다. 그리고 이 기록을 보면서 백열전구에 대한 발명을 결심했다고 하니 메모의 힘을 새삼 실감케 한다.

떠오르는 영감을 놓치지 않고 기록하는 일은 예술가에서 발명가, 정치인에 이르기까지 성공한 인물 모두에게서 발견할 수 있는 공통점이다. 그리고 이런 메모와 기록의 습관은 대화와 토론을 통해 리더십을 키우기 위한 이들에게도 예외일 수 없다.

냅킨에 그려진 '세 개의 원'

"자신이 접하는 모든 정보를 기록하라"고 말한 에디슨은 평생 메모하고 기록하면서 3,500권에 달하는 노트를 남겼다. 그의 메모처럼 방대한 분량의 기록을 남길 필요까지는 없지만 분명한 건 내게 중요하다고 판단되는 순간, 때와 장소를 가리지 않고 메모할 필요가 있다는 것이다. 즉, 메모를 위한 습관의 시작은 일단 무언가를 적는 데서 시작한다.

'경영의 달인'이라고 불린 GE의 전 최고경영자 잭 웰치는 1983년 1월, 레스토랑에서 아내와 식사를 하던 중 냅킨에 무언가 메모를 하기 시작했다. 동그라미 세 개를 그린 메모의 내용은 다음과 같았다.

"#1 n #2······ Core, High Tech, Service."

훗날 GE 개혁의 바이블이 된 '세 개의 원'은 GE를 세계 최고의 기업으로 성장하기 위한 1등 혹은 2등 전략의 기록이었던 셈이다. 잭 웰치는 세 개의 원에 핵심사업 부문Core, 하이테크 부문High Tech, 서비스Service 부문을 기록했고, 이에 해당하지 않는 문어발식 사업 구조를 과감하게 정리하는 개혁을 단행했다.

아이디어는 부지불식간에 떠올랐다 사라지기 때문에 어떤 형태로든 메모하고 기록하는 습관이 중요하다. 가곡의 왕, 슈베르트는 길을 가다가 영감이 떠오를 때 입고 있던 코트에 메모했다가 집으로 돌아와 악보에 옮겼다고 한다. 메모광으로 잘 알려진 노무현 전 대통령도 평소 메모한 종이를 와이셔츠 앞주머니, 바지 뒷주머니 등 여러 곳에 넣었는데 관저에 출근할 때면 7~8장에 달하는 메모를 쏟아내어 참모들에게 검토를 지시했다.

나의 경우 샤워할 때 주로 아이디어가 떠오르곤 하는데, 막상 샤워를 마치고 나면 그 기억이 온전히 남아 있지 않는 경우가 많다. 그래서 욕실에 들어갈 때 휴대폰을 멀지 않은 곳에 비치하고, 좋은 생각이 있을 때면 녹음기능을 이용해서 목소리로 메모와 기록을 한다.

다음 대화를 위한 메모

메모하는 습관은 초면이거나 오랜만에 만나는 사람과 대화할 때도 큰 힘이 된다. 과거 방송에 함께 출연했던 원로 언론인과 저녁 자리를 했을 때 일이다. 공적으로야 알고 지낸 지 꽤 되었지만 사적으로 세세한 가족사 등의 이야기를 나눈 건 그때가 처음이었다.

그로부터 반년이 지났을 즈음 저녁 자리를 가졌는데 첫 안부 인사가 아내와 가족에 관한 이야기였다. 6개월 전 나눴던 대화 내용을 정확히 기억하고 있을뿐더러 가족의 이름까지도 정확히 알고 안부 인사를 건넸던 모습이 지금도 생생하다.

이 만남 이후 사람들과 대화를 마친 뒤 간략하게라도 그날의 일에 대해서 메모하는 습관을 갖게 되었다. 대화를 통해 새롭게 얻은 정보를 기록할 때도 있지만 요즘은 주로 대화 상대가 관심을 보인 주제와 소소한 이야깃거리에 대해서 메모한다. 그리고 시간이 조금 지나서 다시 만나게 되었을 때, 지난번 나눴던 대화의 메모를 보고 한두 마디 관심을 표명하면 한결 부드러운 분위기에서 대화를 이어갈 수 있다.

이처럼 메모하는 습관은 '말의 힘'을 키우는 데 필요한 좋은 재료들을 제공해 준다. 대화하고 토론하기 위해 필요한 말의 무게가 어느 한순간에 쌓이는 것은 결코 아니다. 따라서 이를 위해 다른 사람의 생각, 세상 돌아가는 이야기, 번뜩이는 아이디어를 차곡차곡 생각의 창고에 쌓아놓고, 언제든지 꺼내 볼 수 있도록 메모하고 기록하는 일은 가장 기초적인 작업이라 할 수 있다.

'기록의 힘'을 믿는다면 지금 이 순간부터 당장 메모하는 습관을 가져보는 것은 어떨까. 식당의 냅킨 한 장에서부터 꼬깃꼬깃한 영수증 뒷면을 활용해도 좋으니 말이다.

거인의 어깨 위에 올라서는 방법

"내가 다른 사람들보다 더 멀리 내다볼 수 있었다면
그것은 거인들의 어깨 위에 올라서 있었기 때문이다."

—17세기 말, 아이작 뉴턴의 편지에서

만유인력의 법칙을 발견한 근대 물리학의 아버지, 아이작 뉴턴은 자신의 경쟁자였던 로버트 훅에게 편지를 보내면서 '거인의 어깨'에 관해 이야기했다.

우리에게 뉴턴은 사과가 떨어지는 것을 보면서 중력과 만유인력의 법칙을 생각해낸 과학자로 인식되어 있지만, 그가 이룬 성과는 어느 날 우연히 이뤄진 것이 아니라 앞선 연구자들의 업적이 기반이 되었기 때문에 가능한 것이었다. 데카르트, 케플러, 갈릴레이 등 기존의 연구들이 뉴턴에게는 거인의 어깨였던 셈이었고, 그는 이런 연구 업적을 기반으로 뉴턴역학 이론을 완성하게 된 것이다.

영국의 2파운드짜리 동전을 보면 'STANDING ON THE

SHOULDERS OF GIANTS'라는 문구가 실제 새겨져 있다. 경험과 전통을 중시하는 영국인들은 뉴턴이 언급한 거인의 어깨가 담고 있는 교훈을 일상의 격언처럼 사용하곤 한다.

그런데 이렇듯 거인의 어깨 위에 올라서서 세상을 바라보는 일은 뉴턴 같은 과학자나 일부 선구자들에게만 국한된 것이 아니다. 특히 대화의 리더십을 키우는 일도 스스로의 노력으로 발전시키는 것보다 거인의 어깨 위에 올라설 때 훨씬 효과적인 결과를 가져올 수 있다.

그렇다면 어떤 거인의 어깨 위에 올라서는 것이 효과적일까. 조금 더 쉽고 편안하게 거인의 어깨 위에 오를 수 있는 방법은 없는 것일까. 이런 궁금증이 생길 수 있다.

내게 도움이 된 거인들

말과 글도 거인의 어깨 위에 올라서서 바라볼 때 분명 더 멀찍이 내다볼 수 있다. 내게는 지난 수년 동안 방송에서 만난 사람들이 거인의 어깨가 되어 주었다. 전직 장관에서 국회의원, 청와대 대변인, 변호사, 심리학자 등 각종 분야의 전문가들과 대담을 하면서 경청한 그들의 이야기는 매일 축적된 지식으로 쌓였다.

그리고 이는 직접 경험하지 못한 분야에 대해서 깊게 이해할 수 있는 계기가 되었다. 여러 사람의 지혜와 경험을 바탕에 놓고, 그 어깨 위에 올라서서 현실을 바라보면 단편적인 관찰보다 좀 더 다양한 각도에서 현실을 분석하는 데 큰 도움이 된다.

같은 스튜디오 내에서 마주하며 이야기를 들으면 더할 나위 없이 좋겠지만, 그렇다고 그들의 말과 생각을 접하기 위해서 꼭 같은 공간에 있을 필요는 없다.

최근 유튜브 시대에 접어든 뒤, 시사 방송의 거의 모든 콘텐츠는 주제별로 구분되어 유튜브 등에 동영상으로 실시간 제공된다. 그러니까 어깨 위에 올라가서 바라보고 싶은 거인이 있다면, 언제든지, 누구에게나 그 거인을 만날 수 있는 기회가 폭넓게 열려 있다.

그들이 말하는 방식, 사용하는 단어, 논리를 전개하는 구조 등을 면밀히 분석해 봄으로써 어렵지 않게 전문가의 생각을 나의 것으로 녹여낼 수 있다.

영원한 거인, '종이 신문'과 친해지기

'대화의 리더십'을 키우기 위해서는 반드시 입을 통해 전달되는 말에만 의존할 필요는 없다. 기술적인 말하기는 얼마든지 노력을 통해 발전시켜 나갈 수 있다. 하지만 말에 담긴 콘텐츠의 질은 조금 더 고차원적인 노력이 수반된다.

특히 논리적으로 말하기를 원하고, 특정 주제에 관해 토론할 수 있는 말의 힘을 키우고자 한다면, 제일 먼저 잡아야 하는 건 '마이크'가 아니라 '신문'이 되어야 한다. 과거의 경험을 바탕으로 볼 때, 나의 말에 힘을 키워준 거인은 바로 '종이 신문'이었다.

햇수로 4년, 횟수로만 1,000회 넘게 출연한 아침 시사 토크쇼가 있다. 방송은 당일 조간신문의 뉴스가 기본 바탕이 된다. 본 방송 덕분에 아침 일찍 출근해 8종의 조간신문을 읽는 습관을 자연스레 갖게 되었다.

그래서 지금은 아침에 눈을 뜨면 잠을 깨기 위해 제일 먼저 하는 일이 있다. 부스스한 눈으로 스마트폰을 잡은 뒤, 여러 신문사 애플리케이션에 들어가 그날의 사설에 무엇이 실렸는지 체크하는 것이다. 전날 예상했던 주제가 실리거나, 내가 생각하는 논조와 흡사한 글이 실리면 흡족한 미소가 절로 지어진다. 그렇게 잠이 깨면 본격적으로 종이 신문을 집어든다.

신문의 오피니언 코너에 실린 칼럼은 각종 이슈에 대한 전문가들의 생각을 접할 수 있기 때문에 다채로운 시각을 형성하는 데 매우 큰 도움이 된다. 그리고 주요 조간신문에 실린 사설을 비교해서 읽다 보면 각 신문사의 논설위원들이 하나의 사안을 바라보는 시각이 한눈에 보여서 특정 주제에 대해서 찬성과 반대에 관한 각종 논거를 마련하기에 매우 효율적이다.

요즘이야 스마트폰이 발달하면서 지하철에서도 종이 신문을 펼치는 사람을 발견하기 쉽지 않다. 스마트폰으로 뉴스를 검색하는 이들이 많지만, 주로 흥미 위주의 단편적 뉴스가 대부분을 차지하기 때문에 깊이 있는 논평을 접하기에는 어려움이 따른다. 그런 면에서 매일 배달되는 신문은 정치, 경제, 사회, 국제, 문화 등 우리 사회 전반에 걸친 뉴스를 종합적으로 체크할 기회를 제공하는 장점이 있다.

매일 아침 배달되는 신문지면을 넘기면서 칼럼과 사설을 확인하는 일이 습관되면, 오늘은 어떤 사설과 칼럼이 실렸을지 기다리는 재미가 덤으로 따라올 수도 있다. 관심 있는 이슈에 대하여 자신의 생각과 비슷한 논조의 글이 실렸을 때의 즐거움, 반대되는 의견이 게재되었을 때의 불편함 등은 생각을 정리하는 데에도 큰 도움을 준다.

모든 신문을 구독할 수는 없기 때문에 자신의 성향에 맞는 신문 하나를 구독하고, 나머지 주요 언론의 논평은 개별 신문의 애플리케이션을 통해 접근하는 것도 하나의 방법이 될 수 있다.

'저녁 뉴스'와 대화하기

신문지면을 통해 대화를 위한 논리적 생각을 정리했다면, 이제 정리된 생각을 설득력 있게 말하는 작업이 필요하다. 그리고 이런 말하기에 최적화되어 있는 곳이 바로 뉴스 프로그램이다. 그들이 어떤 방식으로 말하는지 관찰하고, 때로는 따라 해 보고, 최소한 그들의 용어가 귀에 익숙해진다면, 이런 말들이 대화에서 자연스럽게 '툭'하고 튀어나오게 된다.

게다가 지면을 통해 접하는 칼럼이나 사설과 달리 방송 뉴스는 시청각을 활용한 다양한 정보가 제공되어서 빠른 이해와 정보 습득이 용이한 장점도 있다. 그리고 주어진 짧은 시간 내에 엄청난 분량의 뉴스를 제공해야 해서, 방송은 어떻게 하면 압축적으로 핵심을 전달할 수 있을지를 늘 고민한다.

이런 말하기에 익숙해지면 중언부언 하나의 내용을 지루하게 말하는 습관은 최소한 덜어낼 수 있다. 그리고 뉴스에서 사용하는 공식적인 용어가 귀에 익으면 내용을 품격 있게 전달하는 효과까지 덤으로 얻을 수 있어서 좋다.

과거에는 저녁 9시가 되어서 TV 앞에 앉아야만 뉴스 프로그램을 접할 수 있었고, 처음부터 끝까지 뉴스를 시청해야만 전달하는 중요한 정보를 습득할 수 있었다. 하지만 최근에는 기술의 발달로 오랜 시간 투자하지 않더라도 효과적으로 중요한 뉴스의 습득이 가능한 세상이 되었다.

저녁 7시에서 10시 사이에 제공되는 지상파, 종편의 뉴스는 보도가 끝남과 동시에 스마트폰 포털의 애플리케이션 등을 통해 모든 영상이 자막과 함께 그대로 제공된다. 나의 경우, 스마트폰을 이용해 저녁 9시 이후 당일 보도된 종합뉴스를 흥미 있는 주제 중심으로 빠르게 훑어보는데, 약 30분 정도면 전체 방송사의 뉴스 보도가 어떤 이슈로 구성되었는지 확인이 가능하다.

뉴스를 보면서 복잡한 이슈를 간결하게 정리한 도표나 그래프가 나오면 스크린 캡처를 통해 자료를 따로 모아두기도 한다. 훗날 비슷한 주제로 이야기를 나눌 때 매우 중요한 자료가 될 수 있기 때문이다. 그리고 난 뒤 관심 있는 주제 중심으로 실제 뉴스 동영상을 돌려보면 긴 시간을 들이지 않고도 목적 달성이 가능해진다.

뉴턴의 과학적 발견은 여러 거인의 어깨 위에 올라섰기 때문에 가능했다. 이처럼 대화와 토론에서도 거인의 어깨 위에 올라설 때 더 영향력 있는 리더십을 키울 수 있음은 분명하다. 누구나 알고 있지만 쉽게 실천하지 않는 습관, 지금부터라도 거인의 어깨 위에 올라서기 위해 노력해 보자. 신문과 뉴스는 분명 당신이 대화의 리더십을 키울 수 있도록 기꺼이 어깨를 내어줄 것이다.

언제 어느 때나 말하는 습관 가지기

"언제 어느 때나 말을 계속하겠다.
열심히 노력하여 말하는 노력을 향상시키겠다."

—토크계의 전설 '래리 킹'의 다짐 중에서

토크계의 전설, 래리 킹에게도 마이크 공포증이 있던 시절이 있었다. 그런 그가 말의 힘을 기르기 위해 선택한 다짐은 '언제 어디서나 말을 계속하겠다'는 것이었다. 야구 선수가 타격 연습이 필요할 때 열심히 방망이를 휘두른 것처럼 그는 말을 위해 언제나 별도의 연습이 필요하다고 말했고, 이를 생활에서도 실천했다.

래리 킹이 실천한 방법들은 그리 어려운 게 아니다. 그의 훈련 방법은 자신과의 대화에서 출발한다. 즉흥적으로 떠오르는 몇 마디를 이야기해 보거나, 강연이나 방송에서 해야 할 말을 혼자 연습해 보는 것이다.

그런데 실제 방송국 스튜디오에 앉아 있으면, 래리 킹이 이야기한 혼자 말하기를 매우 익숙하게 볼 수 있다. 생방송이 시작되기 전 진행자와 패널은 모두 자신이 해야 할 말을 점검하며 입을 풀기에 여념이 없다. 굳이 스튜디오에서뿐만 아니라 우리 일상에서도 이렇게 말을 위해 혼자 중얼거리며 연습하는 건 결코 이상한 일이 아니다.

나와의 대화부터 시작하자

특정 주제에 대해서 서로 대화를 주고받으면 제일 좋겠지만, 그럴 수 없다면 나와의 대화를 가지는 습관이 말의 힘을 기르는 데 큰 도움이 된다.

강연이나 대중 앞에서 발표할 때도 마찬가지다. 사전에 모의 연습을 해보면 어떤 경우에 말이 어색하고 꼬이는지 최소한의 점검이 가능하다. 그리고 힘주어 이야기하고 싶은 대목이 어디인지 체크하고, 말이 입에 익숙해지기 위해서 몇 차례 반복해서 연습할 필요도 있다.

매우 당연한 일 같지만, 실제 이런 훈련을 습관화시키는 경우는 많지 않다. 그리고 사소한 습관의 차이는 훗날 시간이 흐른 뒤 결과에서 큰 차이를 만들어낸다.

여럿이 팀을 구성해 게임을 하는 스포츠 경기라도 실력 향상을 위해서는 독자적인 훈련이 필수적이다. 대화하고 토론하는 말도 상대가 있어야 함이 당연하지만, 말의 힘을 기르기 위해서는 비슷하게 혼자만의 노력 또한 필요하다. 래리 킹은 그의 저서에서 혼자 말하는 자신만의 훈련 비법을 다음과 같이 소개했다.

'거울 앞에 서서 홀로 말하는 연습하기.'
'강아지나 고양이, 새나 금붕어와 같은 애완동물을 상대로 말 연습하기.'

특히 애완동물과 말하기는 중간에 말이 잘릴 걱정도 없기 때문에 매우 훌륭한 말하기 연습이 되었다고 한다. 우리가 외국어를 배울 때 소리 내어 연습하는 훈련을 거치는 것처럼 머릿속에 있는 말이 자연스레 입에 익기까지는 지속적이고 반복적인 연습이 필수적이다. 래리 킹이 이런 훈련을 하는 이유도 반복적인 연습이 대화의 리더십을 키우는 데 매우 유용하기 때문일 것이다.

나에겐 자동차에서 홀로 운전할 때가 가장 최적화된 연습 시간이다. 장거리 이동이 잦아서 차에서 보내는 시간이 많은데, 그때마다 라디오 뉴스 채널을 틀어놓고 방송에서 나오는 아나운서들의 뉴스를 큰 소리로 따라서 말하곤 한다. 그들이 이야기하는 말의 톤, 속도, 발음 등을 따라 하다 보면 완벽하진 않아도 뉴스에 나오는 사람의 말투와 비교해서 어색하지 않을 정도로 말할 수는 있게 된다. 게다가 뉴스 속 인물과 용어 등은 입에 익숙해지는 데 시간이 걸리기 때문에 반복해서 크게 말하는 훈련은 실제 토론에서 자연스러운 말하기에 매우 큰 도움이 된다.

내게 영감을 줄 수 있는 앵커나 기자의 말을 따라서 반복해 본다면 혼잣말이라도 혼잣말이라도 대화의 리더십을 키우는 연습장의 역할을 톡톡히 하게 될 것이다.

말할 수 있는 모든 기회를 활용하자

혼자 말하는 연습은 대화의 힘을 기르기 위한 기초 훈련과 같다. 어느 정도 기초 훈련 이후에는 본격적인 말하기 연습이 필수적이다. 그러니 결국 제일 중요한 건 실전에서 주어지는 말할 기회를 적극적으로 활용하는 일이다.

실제 우리의 일상을 잘 관찰해 보면 대화의 기회는 수없이 많다. 다만 이를 적극적으로 활용하지 않은 데서 문제가 시작된다. 학교를 예로 들어도 쉽게 알 수 있는데, 대학에서 발표와 토론 수업을 진행하면 적극적으로 손을 들고 토론하는 학생은 여전히 소수에 불과하다. 시대가 변해서 적극적인 참여나 말하기가 익숙해졌을 거란 생각과는 달리, 대학 현장에서 학생들을 지도하다 보면 여전히 교수의 강의를 일방적으로 습득하는 방식이 더 익숙하다는 생각이 강하게 든다.

물론 이 중에는 적극적으로 손을 들고 수업에 참여하는 학생들도 있다. 이런 학생들은 비단 나의 수업뿐 아니라 다른 곳에서도 적극적으로 말하는 기회를 스스로 찾기 때문에 시간이 쌓일수록 발표나 토론에서 눈에 띄게 발전하는 모습을 볼 수 있다. 모두에게 같은 기회가 주어진 셈이지만, 학기가 끝날 때까지 말 한 마디 하는 일에 쑥스러워하는 학생들과 적극적으로 자신의 의견을 말하기 위해 노력하는 학생 간 격차는 시간이 쌓일수록 더 커질 수밖에 없다.

십수 년 전, 대학생 때의 일이다. 군 제대하고 복학한 이후, 몇 해 동안 아르바이트며 대외활동이며 시간이 허락되는 대로 사람들을 만나고 돌아다녔던 때가 있었다. 한번은 KBS 심야토론의 방청객 아르바이트를 하러 갔는데, 토론 중 방청객 질문을 하면 아르바이트 비용을 두 배로 준다는 얘기를 듣고 얼른 손을 들었다. 생방송 중 카메라에 잡히는 것만으로도 신기한데, 마이크를 잡고 질문을 한다니 심장이 뛰는 건 당연했다.

지금 돌이켜보면, 무슨 질문을 했는지 잘 기억도 나지 않지만,

카메라 앞에서 질문을 건넨 짧은 경험이 훗날 말하는 일에 있어서 자신감을 심어준 건 확실했다. 어차피 똑같이 앉아 있는 시간에 돈도 벌고 말하는 경험도 얻었으니 분명 남는 장사가 아닌가.

물론 질문이 서툴거나 말이 꼬여서 창피를 살 수 있는 위험은 분명히 있다. 하지만 그런 위험을 두려워한다면 말을 잘하기 위한 훈련은 영영 불가능한 상황으로 남게 될 테니, 일단 손을 들고 무슨 이야기라도 해보는 것이 더 나은 선택이 될 것임은 분명하다.

실패를 두려워하면 아무것도 할 수 없다

얼마 전에는 정치, 시사에 관한 유튜브 채널 〈김병민 TV〉를 열고 1인 방송을 시작했다. 무섭게 성장하는 유튜브 시장에 참여하지 않으면 안 된다는 지인의 적극적인 권유에 일단 채널을 열고 무작정 방송을 시작했다. 사실 준비되지 않은 채로 유튜브 시장에 뛰어든다는 부담과 두려움 때문에 적지 않은 시간 고민을 했다.

지상파 및 종편의 시사 프로그램은 방송국에서 작가 등 제작진이 완벽한 환경을 제공해 준다. 따라서 주어진 주제와 질문에 해당하는 답변만 준비하면 되니까 외적으로 신경 써야 할 것이 별로 없다. 천만 관객 배우, 황정민이 영화제 수상식에 "스태프들이 차려 놓은 밥상에 맛있게 밥을 먹었을 뿐"이라는 말이 십수 년이 지나도

회자되는 것처럼 여러 사람의 협업으로 만들어지는 것은 영화나 방송 모두 마찬가지다. 그런데 1인 방송은 밥도 혼자 차리고, 차려진 밥도 혼자 먹어야 하고, 다 먹고 난 뒤 설거지까지 해야 하니 여간 큰 부담이 아닐 수 없다.

그렇게 일단 첫 시작을 하고 나서는 시행착오도 겪고 우왕좌왕하기도 했지만 꾸준하게 콘텐츠를 생산해 올리니 고정적인 시청자도 상당히 늘었다. 꽉 짜인 틀에서 만들어진 기존 방송과는 달리, 진짜 내가 하고 싶은 이야기를 처음부터 끝까지 스스로 만들 수 있다는 점에서는 분명한 장점과 매력도 있다.

막상 채널을 열고 유튜브를 시작했는데 관심도 끌지 못하고 실패하면 어떡할까 하는 불안감에 시작도 하지 않았다면, 또 다른 측면에서 말의 힘을 키우기 위한 중요한 기회를 놓치게 되었을지 모른다. 심지어 구독자, 조회 수가 어느 정도 유지된 이후로는 수익까지 창출되니 말의 덕을 톡톡히 보고 있는 셈이다.

한때 '침묵이 금'이었던 시절이 있었다. 적극적으로 내 의견을 표현하기보다 타인의 이야기를 경청하고, 위에서 정해준 룰을 착실하게 따르는 것이 모범생의 길로 인식되던 때였다. 바로 나의 학창 시절 분위기이기도 했다.

물론 지금도 때와 장소에 따라 '침묵'이 금이 되는 순간이 있다. 하지만 하고 싶은 말을 일부러 꾹꾹 눌러 삼킬 필요는 전혀 없다.

오히려 '말이 금'인 시대에는 적극적이고 논리적으로 내 의사를 말로 표현하는 것이 여러 면에서 도움이 된다.

지금도 우리 주변에는 말을 할 수 있는 기회가 항시 열려 있다. 세상은 손 드는 사람의 것이라 하지 않던가. 일단 먼저 손을 들고 말할 기회에 적극적으로 참여해 보자. 언제, 어디서라도 말하는 습관을 갖게 된다면, 대화의 리더십을 키우기 위해 가장 빠른 지름길을 선택한 것과 마찬가지 효과를 가져올 것이다.

실수의 두려움 이겨내기

"어제 실수했을지 모르지만, 어제의 나 역시 여전히 나다.
오늘의 나는 그 모든 실수를 저지른 그대로의 나다.
내일은 조금 더 현명해질지라도 그것 역시 나다. 이러한
실수들이 나의 별자리를 수놓을 별들을 만들 것이다."

—BTS RM의 UN 연설 중에서

'21세기 비틀스'로 평가받는 BTS가 한국 가수로는 처음으로 유엔총회 연단에 올랐다. 2018년 뉴욕 유엔본부에서 열린 유니세프의 청년 관련 의제 '제너레이션 언리미티드Generation unlimited' 행사에 초청된 것인데, BTS 멤버들과 함께 연단에 오른 리더 RM은 유창한 영어로 7분간 연설을 이어갔다.

연설에서 BTS는 〈Love Yourself〉라는 앨범 제목처럼 진정한 사랑은 자신을 사랑하는 것으로부터 시작된다는 믿음을 전하고 싶었던 것 같다. 그리고 연설대에 오른 RM은 말미에 이런 이야기를 남긴다.

"저는 김남준이고, 방탄소년단의 RM이기도 합니다.

저는 아이돌이며, 한국의 작은 마을에서 온 아티스트입니다.

많은 사람처럼 저는 제 인생에서 수많은 실수를 저질렀습니다.

저는 많은 단점을 가지고 있고, 더 많은 두려움도 가지고 있습니다.

하지만 저는 제가 할 수 있는 만큼 제 자신을 북돋고 있습니다.

조금씩 더 스스로를 사랑하고 있습니다.

여러분의 이름은 무엇인가요? 스스로에게 이야기하세요."

약 7분간의 짧은 연설이었지만 자신들의 이야기를 바탕으로 한 연설의 울림은 컸다. BTS의 연설 내용은 여러 나라의 중·고등학교 시험문제로 등장하는가 하면, 과제물로 인용되기까지 했으니 아미 팬들의 열광을 넘어 보편적인 정서를 자극하는 메시지가 있었던 점은 분명해 보인다.

RM은 연설에서 9~10세에 심장이 멈췄다는 가사처럼 다른 사람들의 시선에 자신을 가뒀다고 고백한다. 사춘기를 거친 뒤, 나이 여하를 불문하고 타인의 시선으로부터 자유로운 사람이 있을까. 이런 타인의 시선 때문에 실수에 대한 두려움도 커질 수 있다.

많은 경우, 그 실수에 대한 타인의 시선이 두려워 새로운 도전을 위해서 과감히 한 발 내딛기를 포기하곤 한다. RM은 자신의 성장

과정을 설명하면서, 실수와 단점까지도 나의 일부분으로 고스란히 받아들일 때 자신을 더 성장시켜 나갈 수 있다는 메시지를 전해 주었다.

'실수에 대한 두려움' 이겨내기

공연을 하며 대중 앞에 서는 사람일수록 실수에 대한 두려움은 클 수밖에 없다. 그래서 더 이를 극복하기 위해 노력했고, 이를 세계의 청소년들에게 전하고자 했던 BTS의 연설에 공감이 간다.

타인의 시선과 지나간 실수를 극복하기 위해 노력해야 하는 건 우리의 말에 있어서도 똑같이 적용된다. 말하기에는 늘 대화의 상대가 있기 마련이다. 그렇기 때문에 나의 말에 대해서 그들이 어떤 생각을 하는지 그 시선으로부터 자유롭기가 참 어렵다.

말하는 능력도 연습을 통해 향상할 수 있음은 이미 앞서 여러 차례 언급했는데, 이런 노력을 가로막는 훼방꾼 중 하나가 바로 '실수에 대한 두려움'이다. 나의 말에 대해 대화의 상대가 부정적인 반응을 보이거나 주변 분위기가 좋지 않게 흘러간다면 다음 말을 이어가는 데 심리적으로 악영향을 미칠 수 있다. 한두 번의 안 좋은 기억이 반복될 경우, 적극적이고 긍정적으로 말하려는 노력 자체를 접게 될 수도 있다. 그러니까 바로 여기에서 문제가 발생하는 것이다.

국민 MC로 불리며 전 국민적 사랑을 받았던 방송인 유재석에게도 한때 토크 울렁증이 있었다고 한다. 데뷔 초 그를 두고 연출자들은 '콩트는 되는데 토크가 안 된다'는 평가를 했다고 하니, '순발력의 제왕'이라는 별칭까지 얻었던 유재석에게도 그런 시절이 있었나 하는 생각이 든다. 과거부터 그의 연예계 성장 과정을 지켜본 당시 KBS의 한 PD도 "누구보다 열심히 하는 성의와 잠재력을 높이 평가해 계속 기회를 줬지만, 대중의 반응은 그리 빨리 오지 않았다"라고 언급한 적이 있다.

오랜 시간 무명 시절을 경험했고, 슬럼프를 극복하기 위해 노력해 왔던 유재석은 한 예능 프로그램에서 가수 이적과 함께 〈말하는 대로〉라는 노래를 발표하면서 지난 과거를 다음과 같이 회상하기도 했다.

나 스무 살 적에 하루를 견디고
불안한 잠자리에 누울 때면
내일 뭐 하지 내일 뭐 하지 걱정을 했지

두 눈을 감아도 통 잠은 안 오고
가슴은 아프도록 답답할 때

난 왜 안 되지 왜 난 안 되지 되뇌었지

말하는 대로 말하는 대로
될 수 있다곤 믿지 않았지
믿을 수 없었지
마음먹은 대로 생각한 대로
할 수 있단 건 거짓말 같았지
고개를 저었지

유재석의 이 노랫말은 과거 무명 시절 그가 경험했던 부정적 인식의 기억을 매우 적절하게 표현하고 있다. 즉, 누구나 자신감이 없으면 말의 적극성이 떨어질 수밖에 없다. 게다가 이런 상황에서 건넨 말이 부정적인 평가로 이어질 때 다시 자신감이 떨어지는 악순환의 늪에 빠지게 된다. 그래서 어려울지라도 타인의 시선에서 벗어나 '자신의 말'에 집중하기 위한 마인드 컨트롤과 적극적인 노력이 꼭 필요하다.

미스터치 없는 연주는 없다

한국을 대표하는 피아니스트 백건우도 실수를 인정하는 일의 중요성에 대해 언급하면서 다음과 같이 말한 적이 있다.

"미스터치Misstouch 없는 연주는 없다. 우리는 사람이기 때문에 건반을 잘못 누르는 일은 있기 마련이다."

오래전 그가 미국 줄리아드 음대에 재학하던 시절 은사였던 로지나 레빈과의 일화라며 다음의 이야기를 들려주었다.

한 피아니스트의 독주회를 듣고 나와 레빈 선생이 물었다.
"연주 어땠어?"
백건우의 동료가 대답했다.
"미스터치(실수하여 음을 놓치거나 다른 건반을 치는 것)가 있었어요."
레빈 선생이 제자의 얼굴을 보며 말했다.
"난 좋았는데. 넌 전체 연주를 들은 게 아니라 미스터치만 들었나 보구나."

이후 백건우는 "미스터치 없는 연주는 없다"라는 말이 어디에나 적용될 수 있다는 생각이 들었다고 한다. '건반 위의 구도자'라 불리는 거장 반열의 피아니스트에게도 사람이기 때문에 실수도 당연한 일로 평가된다.

대화의 리더십을 키우기 위해서 우리는 반복적인 연습은 물론이고, 어디에서건 누구에게나 자신감 있게 말할 준비가 되어 있어야 한다. 그런데 내가 말한 실수가 타인의 시선에 어떻게 비추어질지에 대한 두려움을 떨치지 못한다면 이런 습관과 노력은 모두 물거품이 될 공산이 크다.

실수는 누구에게나 나타난다. 실수를 편안하게 인정할 수 있는 습관, 그리고 이를 통해 더 나아지기 위한 노력이 뒤따른다면 분명 대화의 리더십은 한층 더 성장할 수 있다.

질문하는 습관 가지기

"여러분은 대통령인 나에게 아첨꾼이 되기보다 회의론자여야 한다.
나에게 거친 질문을 던져야 한다. 사정 봐주고 칭찬해도 안 된다."

—오바마 전 대통령의 마지막 기자회견 중에서

2010년 서울에서 주요 20개국의 다자회의인 G20 정상회의가 열렸을 때 일이다. 정상회의 폐막식 연설을 마친 오바마 대통령이 개최국인 한국 기자들을 배려해 질문의 기회를 주었다. 그런데 손을 들고 질문하려는 한국 기자는 한 명도 없었고, 오바마는 질문이 없는 것이 맞는지 재차 물었다.

기자회견장에 정적이 흐르는 가운데 중국 기자가 일어나서 다음과 같이 물었다. 자신이 중국 기자이지만 아시아를 대표해서 질문해도 되겠느냐고 말이다. 오바마 대통령은 다시금 마지막 질문은 한국 기자에게 주겠다고 했지만 끝내 아무도 손을 들지 않았고, 질문 기회는 결국 중국 기자에게 넘어갔다.

질문을 업으로 삼고 살아가는 기자들의 침묵이 한국 사회에 던진 충격은 컸다. 생각해 보면 우리는 어린 시절부터 질문보다는 순응에 익숙한 문화 속에 살아왔기 때문에 질문도 예법에 어긋나지는 않을까 노심초사하며 순간의 기회를 놓치는 경우가 허다했다. 같은 이유로 정치권은 물론이거니와 기업, 학교 등 사회 전반에 걸쳐서, 사회적 지위와 무관하게 질문하고 이에 답변하는 토론 문화가 자리 잡지 못했는지도 모른다.

오바마의 마지막 기자회견

G20에서 한국 기자들에게 질문을 권했던 미국의 경우는 어떨까. 2017년 1월 18일 오후, 퇴임을 앞둔 오바마 대통령은 임기 중 마지막 기자회견을 앞두고 있었다. 그리고 그는 기자들에게 다음과 같은 말을 건넨다.

"그동안 감사했다는 말을 전하고 싶다.
여러분이 쓴 기사가 다 마음에 들었던 것은 결코 아니다.
하지만 그게 우리 관계의 핵심이다.
여러분은 대통령인 나에게 아첨꾼이 되기보다 회의론자여야 한다.

나에게 거친 질문을 던져야 한다. 사정 봐주고 칭찬해도 안 된다.

언론이 비판적 시각을 던져야 막강한 권한을 부여받은 우리도 책임감을 느끼고 일하게 된다."

"미국과 민주주의는 여러분을 필요로 한다.

나에게 그랬던 것처럼 집요하게 진실을 끄집어내서 백악관을, 미국을 최고의 상태로 만들어 달라.

여러분이 민주주의를 위해 보여준 노고에 감사를 표한다."

오바마 대통령은 이런 말을 남긴 뒤, 퇴임 전 마지막으로 현안에 관한 질문을 다시 받았다. 그가 남긴 당부처럼 백악관의 기자들은 트럼프 대통령 취임 이후에도 집요하게 진실을 끌어내기 위한 질문을 멈추지 않았다. 물론 오바마와 달리 트럼프 대통령은 본인에게 불편한 기자들의 질문에 대해서 가짜 뉴스라며 폄훼하기도 했다. 하지만 그런 트럼프조차도 기자회견 자체를 거부하지는 않았다.

대한민국의 대통령실과 미국 백악관의 토론 문화를 단순 비교해 보더라도 인물의 특수성을 떠나 자유로운 질문 환경에 큰 차이가 있음은 분명해 보인다. 그리고 이런 차이가 G20 정상회의에서 한국 기자들의 침묵을 만들어낸 것은 아닐까.

우리 사회에서 질문하고 토론하는 문화가 어색한 결정적인 이유는 성장기 교육 환경과 무관하지 않다. 호기심에 따라 질문하고, 질문에 대한 답에 이어서 자신의 의견을 피력하기보다는 주어진 정답을 입력하는 데 우리의 교육 환경은 최적화되어 있었다. 그러니까 궁금한 게 있어도 손쉽게 물어보기 어려운 문화가 우리 사회 전반에 형성되어 있다 해도 과장이 아니다.

이런 한국식 토론 문화와 가장 대비되는 곳이 있다. 바로 탈무드에 등장하는 유대인의 교육 방법, 하브루타Havruta라 불리는 유대식 토론 문화이다. 하브루타는 일단 나이나 성별, 계급과 무관하게 두 명이 짝을 이룬다. 이후 주어진 주제에 관해 서로 논쟁을 벌이는데, 이들은 하나의 주제에 대해 찬성과 반대 의견을 동시에 경험하게 된다. 그리고 이런 토론 활동으로 새로운 아이디어를 도출해내기도 한다.

'두 사람이 모이면 세 가지 의견이 나온다'는 이스라엘 격언도 이런 토론 문화에서 발생한 것이라 한다. 심지어 이스라엘에서는 질문하지 않는 학생은 선생님이 따로 상담한다고 하는데, '학생에게 이보다 더 큰 문제가 무엇이냐?'는 그들의 인식을 보면서 새삼 질문하는 습관이 얼마나 중요한지 돌아보게 된다.

질문거리를 찾아내는 힘

대화와 토론에서 어떤 질문을 하는지는 그 사람이 가진 말의 힘을 가늠하는 주요 잣대가 된다. 말을 주고받는 가운데 끊임없이 질문거리를 찾아내 상대방이 더 흥미롭게 이야기할 수 있도록 북돋워주는 일은 대화를 한층 더 풍성하게 만들어주는 일이기 때문이다.

시사 방송에 출연하는 패널들도 이야기할 수 있는 충분한 거리를 가지고 있지만, 속이야기를 끌어내는 건 전적으로 사회자의 질문 능력에 달려 있다. 일반적으로 작가가 적어놓은 질문지와 구성안에 충실하게 질문하는 경우가 보편적인데, 이럴 경우 큰 사고 없이 방송을 진행할 수는 있지만 조금 더 심도 있는 이야기를 끄집어내는 데에 한계가 있다. 심지어 어떤 진행자는 앞서 패널이 포괄적으로 뒤에 있는 질문에 대한 답을 했는데도, 이를 인지하지 못한 채 뒤에서 다시 같은 질문을 반복하는 경우도 있다.

반면 종합편성채널 프로그램 〈김진의 돌직구쇼〉의 사회자 김진 기자는 출연진으로부터 200퍼센트 이야기를 끄집어내는 질문에 특화되어 있다. 2014년 처음 방송에서 인연을 맺고, 프로그램에서 사회자와 패널로 매일 호흡을 맞춘 지 햇수로 5년이 넘었으니 이제 눈빛만 봐도 무슨 이야기를 할지 머릿속에 그려질 정도다.

김 기자는 하나의 주제에 관해 이야기를 이어 나가면서 원고에 정해진 질문을 던지는 일에 그치지 않는다. 패널로 나오는 이들은 저마다 자신이 경험하고 쌓아온 전문 분야들이 있다. 질문에 앞서 그는 패널의 이력을 간략하게라도 소개하며 왜 이런 질문을 할 수밖에 없는지 호기심을 북돋는 발언을 종종 한다.

더 나아가, 과거의 경험을 바탕으로 이야기할 수 있도록 더 깊숙이 질문을 이어가니, 질문에 답을 하는 패널도 신이 나서 더 적극적으로 이야기를 쏟아내곤 한다. 이처럼 질문의 힘은 대화의 상대가 말하고자 하는 욕구를 끌어내게 만드는 데 효과적이다.

질문하는 습관은 우리의 대화를 더 풍요롭게 만들고, 의사소통을 위한 말의 힘을 기르기 위해 필수적인 요건이라고도 볼 수 있다. 하지만 앞서 G20 정상회의에서 벌어졌던 기자들의 침묵 사건처럼, 많은 이들에게 질문은 여전히 익숙하지 않은 일일 수 있다.

혹여 야심차게 한 질문에 대해 시원한 답을 얻지 못했다거나, 이로 인해 대화의 분위기가 어색했던 경험을 해본 이들이라면 더욱이 적극적인 질문에 주저하게 될 수도 있다. 그렇다면 대화의 리더십을 키우기 위해 우리는 어떤 질문의 습관을 지녀야 할까.

좋은 질문을 위해 필요한 습관

좋은 질문을 위해서, 일단 누구를 위한 질문인지를 먼저 생각해야 한다. 어떤 경우, 대화의 상대방과 별로 관련이 없음에도 자신의 관심사에 국한해서 질문을 건네는 경우가 있다. 즉, '나'를 중심에 둔 이와 같은 질문은 대화와 토론에서 긍정적 영향력을 발휘하기에 한계가 있다.

예를 들어 여럿이 대화를 나누던 중 대중과 무관한 나의 관심사에 국한해 질문을 쏟아낸다면, 답변을 끌어낼 수는 있겠지만 이와 무관한 나머지 사람들의 따가운 눈총을 피할 수는 없다. 쌍방의 대화도 마찬가지다. 질문의 초점을 내가 아닌 상대의 관심사에 맞춘다면 생각했던 것보다 더 많은 양의 정보를 얻을 수 있을지도 모르며, 이를 바탕으로 더 많은 질문과 답변이 오가는 대화를 이끌어갈 수도 있다. 물론 이런 질문을 위해서는 대화 상대에 대한 충분한 관심이 선행되어야 한다. 가능하다면 필요한 질문을 사전에 준비하는 것도 대화에 큰 도움을 줄 수 있다. 여기에서 잊지 말아야 할 것은 나의 궁금증을 해소하기 위해 질문하는 것이 아니라 우리의 대화를 위해 질문하는 것이라는 사실이다.

또한 좋은 질문은 세심한 부분까지 배려가 된 것이어야 한다. 대화에 필요한 질문은 분명 의사소통을 더 원활하게 만들며, 상호 긍정적인 에너지를 높이기 위해 사용되어야 한다. 하지만 의도적이든 아니든 대화에 사용되는 질문 때문에 상대에게 부정적인 감정을 유발시키고, 때론 대화를 어색하게 만드는 경우도 있다.

예를 들어, 대담에서 진행자가 패널의 정보를 제대로 확인하지 않은 채 질문을 건네는 경우를 생각해 보자. 질문을 건네받은 패널은 구태여 하지 않아도 될 에너지를 쏟아가며, 사실관계를 한 번 더 바로잡아야 할 것이다. 의도하지 않았더라도 세심한 배려가 결여되어 있다면 이처럼 매끄러운 대화를 방해하는 원인이 될 수 있다.

주변에 대화에 능하다고 평가받는 사람들을 면밀히 살펴보자. 아마 공통적으로 질문을 건네는 데 능숙하고, 질문에 대한 대답을 바탕으로 또 다른 질문을 쏟아내며 대화를 유연하게 이끌어간다는 공통점을 발견할 수 있을 것이다. 이렇게 대화에서 질문을 적재적소에 활용하는 능력도 습관을 통해 발전시킬 수 있다.

좋은 질문은 내가 아는 것이 전부가 아니라는 것을 인정하는 데서 시작된다. 나의 부족함을 인정하고, 상대로부터 더 많은 이야기를 듣기 위한 관심과 배려에서 질문을 시작할 필요가 있다. 대화 상대가 흥미를 느끼고 말을 계속할 수 있도록 좋은 질문을 건네는 힘, 이런 대화의 힘을 키우기 위한 습관 역시 평소의 질문에서 비롯된다. 오늘은 어떤 질문을 건네면 좋을지 대화 전에 미리 생각해 보자. 질문의 힘이 곧 대화의 힘이 될 수 있음을 명심하면서 말이다.

사람의 눈과 친숙해지기

"교황은 한 명 한 명 눈을 맞추는 것을 좋아하는데,
이를 방해하지 않도록 카메라를 자제해 달라."

—프란치스코 교황의 방한에 앞선 교황청의 당부

방송 출연을 갓 시작했을 때의 일이다. 스튜디오에 눈이 부시도록 조명이 비추고, 여러 대의 카메라는 쉴 새 없이 돌아갔다. 출연진들이 쏟아내는 이야기를 쫓아가기도 바쁜데, 진행자는 카메라를 보면서 이야기하라고 손짓을 건넸다. 막상 카메라를 보니 가슴이 두근거려서 똑바로 응시하지 못한 채 다시 진행자를 바라보았다. 그때 카메라와 진행자, 출연진 어디에 시선을 두어야 할지 몰라 어색해하는 눈빛이 고스란히 노출되었고, 말까지 엉키면서 방송을 마친 뒤 얼굴이 빨개졌던 부끄러운 기억이 있다.

카메라의 렌즈를 응시하면서 평상시 대화하듯 이야기를 전달하는 건 결코 쉬운 일이 아니다. 봉준호 감독의 영화 〈기생충〉에서 가정부 역할로 열연했고, 김은숙 작가의 드라마 〈미스터 션샤인〉에서 '함안댁'으로 큰 인기를 끌었던 연기파 배우 이정은에게도 한때 카메라 울렁증이 있었다고 한다.

이정은은 1991년 데뷔 이후 연극판에서 잔뼈가 굵었지만, 카메라 앞에 서는 영화와 드라마에서 두각을 나타낸 건 그리 오래되지 않았다. 2001년 〈와니와 준하〉라는 영화에 단역으로 출연한 적이 있는데, 촬영에서 NG를 내면 현장 분위기가 삭막해졌다고 한다. 당시 감독이 친구라 편안하게 생각하고 출연한 작품이었음에도 카메라 울렁증이 생겼고, 꽤 오랜 시간 영화나 드라마와 거리가 먼 시간을 보내게 되었다는 것이다.

그로부터 십여 년의 세월이 흐른 뒤, 작은 단편영화 출연을 계기로 카메라 울렁증을 완전히 떨쳐내었다고 하는데 그 이유는 간단했다. 작은 단편영화였기 때문에 카메라도 크지 않았고, 제작진도 상대적으로 젊었다고 한다. 카메라와 다른 주변에 신경 쓰는 데 분산되었던 정신을 온전히 연기에 집중할 수 있었기 때문이 아닐까.

지성, 정유미 등 국민에게 많은 사랑을 받는 배우들도 한때 카메라 울렁증으로 어려움을 겪었다는 속내를 고백한 적이 있다. 물론 지금은 최고의 위치에서 활동을 하는 것을 보면 과거 저마다 가지고 있던 부담감을 걷어내고 카메라와 친숙해진 듯하다. 나 역시 지금은 제법 방송 카메라가 익숙해져서 카메라

렌즈를 응시하며 이야기하는 일이 어색하지 않다. 카메라가 편안해지니 화면에서 시선 처리가 자연스러워졌음은 물론, 자신감도 함께 생겨서 이야기 전달에 힘이 느껴지기도 했다.

사람의 눈과 친숙해지기 위한 노력

방송에서는 카메라와 눈을 맞추는 일이 중요하듯, 우리 일상의 대화에서는 사람과 눈을 맞추는 것이 중요하다. 그런데 많은 배우가 카메라 울렁증으로 고생했던 경험이 있는 것처럼 대화에서도 사람의 눈을 마주치는 데 어려움을 겪는 이들이 적지 않다.

카메라가 어색하고 시선 처리마저 되지 않는 출연진의 모습을 보면 이를 지켜보는 시청자도 부담스럽다. 그리고 부담스러움을 넘어, 그가 전달하려는 내용의 신뢰에도 의구심을 품게 된다. 대화에서 눈을 제대로 맞추지 못하고 시선 처리를 하는 데 어려움이 있는 사람이 아무리 훌륭한 말을 쏟아낸다고 해봐야, 그 말은 온전한 힘으로 전달될 수 없다. 즉, 카메라 렌즈와 친숙해지는 것이 방송에서 좋은 모습을 보여주기 위한 필수 요건이라면, 대화하는 사람의 눈과 친숙해지는 건 대화의 리더십을 키우기 위한 핵심 요건이라고 볼 수 있다.

우리가 대화하며 누군가와 눈을 마주친다는 건 그 사람에게 온전히 집중하고 있다는 의사표시이기도 하다. 정치인에게 악수는 대중과의 만남에서 중요한 의사소통의 도구로 볼 수 있다. 예를 들어, 여럿이 있는 자리에서 한 명 한 명 눈을 마주하지 않고, A와 악수하며 시선은 B에게 가 있는 정치인을 상상해 보자. 그는 B와 악수하며 또 C에게 시선이 가 있을 것이다. 아마 이 정치인은 악수를 한 모두에게 깊은 인상을 남기는 데 성공하지 못할 확률이 매우 크다.

이처럼 대화에서 사람의 눈과 친숙해진다는 건 말과 함께 내면의 진정성을 함께 전달한다는 의미를 포함하고 있다.

프란치스코 교황의 눈맞춤

2014년 여름, 프란치스코 교황이 4박 5일간 대한민국을 찾았다. 교황의 역대 방한으로는 세 번째, 1989년 요한 바오로 2세의 방한 이후 25년 만이었다. 그만큼 세간의 관심이 컸다. 교황의 방한 전, 바티칸 교황청은 우리 취재단에 세 가지를 신신당부했는데, 그중 하나가 바로 다음과 같은 요청이었다.

"교황과 사람들과의 눈 맞춤을 막지 말아 달라."

교황청 대변인실의 마테오 브루니가 특별히 당부하기를 "교황은 한 명 한 명 눈을 맞추는 것을 좋아하는데 이를 방해하지 않도록 카메라를 자제해 달라"고 했다고 한다.

실제로 교황은 방한 내내 대중과 눈높이를 맞추고, 직접 눈을 맞추기 위한 행보를 거듭했다. 광화문에서 열린 시복식(가톨릭에서 성인의 전 단계인 복자로 추대하는 의식)에서도 신자들과 가까이에서 눈을 맞추고 싶다는 교황의 뜻을 따라 제단 높이를 1.8미터로 낮춰 제작했다. 음성 꽃동네를 방문했을 때, 남녀 수도회 대표가 인사하기 위해 무릎을 꿇자 교황은 그들을 일으켜 세워 눈높이를 맞추며 악수했다.

방한 동안 세월호 유가족을 만날 때도, 위안부 할머니를 만날 때도 교황은 그들의 눈을 바라봤다. 프란치스코 교황의 방한 일정을 취재했던 한 기자는 교황이 뚫어져라 쳐다본 건 눈이 아니라 그들의 마음이라며, 교황은 그걸 공감이라고 표현했다고 한다. 교황의 방한 당시 아시아 주교들과 만나는 자리에서 '진정한 대화'에 대해 언급했다는 한 대목을 소개한다.

"상대방에게 우리의 생각과 마음을 열 수 없다면 진정한 대화란 있을 수 없다."

"상대방이 하는 말만 들어선 곤란하다."

"말로 하지는 않지만 전해오는 그들의 경험, 희망, 소망, 고난과 마음 깊은 곳에 담아둔 걱정까지 들을 수 있어야 한다."

프란치스코 교황은 짧은 기간이었지만 말이 통하지 않는 상황에서도 눈 맞춤을 통해 중요한 여러 메시지를 전달하고 떠났다. 우리는 말을 통해 소통한다. 그러나 때론 말로 다 전하지 못하는 많은 내용을 다른 방식을 통해 전달한다. 몸짓과 손짓, 표정 등 비언어 커뮤니케이션을 위한 방법 중에서 사람의 눈빛은 감정을 가장 정확하게 전달할 수 있는 소통 방법일 수 있다.

대화의 리더십을 키우기 위해 사람의 눈과 친숙해지는 습관은 꼭 필요하다. 눈을 바라보는 일이 어렵다면 이마나 코, 혹은 입 주변을 바라보라는 기술적 방법을 권유하는 전문가들도 있다. 타인과 대화를 할 때 시선을 맞추기 어려운 이들에게는 이런 방법이 초기 어려움을 극복하는 데 큰 도움이 될 수도 있다. 하지만 근본적으로 말의 힘을 기르기 위해 타인의 눈과 친숙해지기 위해서는 그 사람과 마음으로 가까워지기 위한 노력이 선행되어야 한다.

내가 당신에게 온전히 집중하고 있다는 의미로 눈을 마주해 보는 습관을 지녀보자. 그 사람의 눈빛과 표정, 몸짓을 이해할 수 있다면 화려한 수사로 이야기를 건네지 않더라도 눈빛으로 전달이 가능한 부분이 있을 수 있다.

지금도 주변에는 여전히 카메라와 시선을 마주하는 데 어려움을 느끼며 방송하는 이들이 있다. 그런 모습을 볼 때면 최고의 식견으로 중요한 메시지를 전달함에도 불안정한 시선 처리에 그 전문성이 퇴색되는 것 같아 안타까울 때가 많다.

일단 대화하는 사람의 눈과 친숙해지자. 눈빛으로 진정성을 듬뿍 담아 말로 다 하지 못한 메시지를 전할 수 있으면 더할 나위 없겠다. 사람의 말은 거짓으로 이야기를 꾸며낼 수 있지만, 그 사람의 눈빛은 거짓말을 하기 어렵다고 한다. 진심을 담은 대화를 위해 보여줄 수 있는 최고의 선택은 눈을 맞추는 데서 시작하지 않을까.

즐거운 대화가 가져오는 삶의 변화

첫 번째 출간 당시 유치원생이던 쌍둥이 딸이 벌써 초등학교 고학년이 되었고, 유모차를 타던 막내아들도 초등학교 입학을 앞두고 있습니다. 폭풍 성장기, 그 어느 때보다 대화가 필요한 시기일 텐데 『대화의 리더십』을 쓰면서 정작 가족과의 대화에 소홀했던 것은 아닌지 마음 한편이 뜨끔합니다.

이번 개정판은 1장에서 새롭게 다루고 있는 것처럼 여의도 정치인으로 지내 온 지난 시간의 이야기를 정리하여 추가하는 데 제일 큰 목적이 있었습니다. 돌이켜보면 김종인 위원장과 함께했던 비상대책위원, 윤석열 대통령을 만들었던 대변인의 일화, 전당대회를 통해 집권당 최고위원이 되기까지의 치열했던 여정은 하나하나 책으로 엮어도 넘칠 만큼 다양한 이야기들을 담고 있습니다.

욕심 같아서는 국민적 관심을 끌었던 사건들을 재소환하고, 그때 현장에서 지켜본 대화의 뒷이야기를 충분히 풀어놓고 싶었지만 그러지를 못했습니다. 집권당의 지도부, 총선을 준비해야 하는 지역의 당협위원장, 아침·저녁 시간을 가리지 않고 종횡무진 출연하는 방송 평론과 인터뷰, 경희대학교와 건국대학교 교수로 매주 학생들과 만나야 하는 전공 강의. 아침에 눈을 떠서 밤에 잠들 때까지 쪽 시간을 찾기 힘들 정도로 바쁜 일정을 소화해야 하는 탓에, 이번 개정판 작업은 밤잠을 포기하면서 작업할 수밖에 없었기 때문이죠.

시간에 쫓기듯 진행한 원고에 비록 많은 에피소드를 욕심만큼 담아내지는 못했지만, 대화의 리더십을 키우는 데 결정적 역할을 했던 중요한 순간의 이야기는 아낌없이 쏟아냈다는 점은 분명히 말씀드릴 수 있습니다.

2장과 3장, 그리고 4장은 정치인과 평론가로서 두루 경험했던 대화 가운데 유용한 팁을 얻고자 하는 독자들을 위해서 구체적인 방법들을 전하는 데 초점을 맞추었습니다. 아무리 유창한 달변가라 할지라도 준비되지 않은 상황에서는 '힘 있는 토론'을 하는 데 어려움을 겪을 수밖에 없습니다. 바꾸어 말하면, 말에 소질이 없는 사람이라 할지라도 충분한 준비를 통해 대화와 토론을 주도적으로 이끌어 갈 수 있다는 말이지요.

특히 토론은 상대를 강압적인 말로 제압하기보다 논리적이고 타당하게 설득하는 기술이 필요합니다. '품격을 갖추면서도 청중의 마음을 움직일 수 있는 토론의 요건이 무엇일까?'라는 주제를 오래 고민했고, 현장에서 매일 경험하는 전문가들과의 대담이 이를 구체화하는 데 큰 도움이 되었습니다.

즐거운 대화로 사람의 마음을 얻기 위해서는 일단 말을 하는 상대가 편안함을 느껴야 합니다. 짧은 대화로도 좋은 인상을 남기고 효과적으로 메시지를 전달할 수 있는 여러 방법이 있습니다. 물론, 이미 알고 있는 내용일 수도 있지만, 실상 알고도 실천하지 못하는 경우가 많기에 이 책을 통해 한 번쯤 자신의 대화를 뒤돌아보았으면 합니다.

제가 평론과 정치를 업으로 삼아 지내기 전과 후의 가장 큰 차이점은 '말'에 관한 두려움이 거의 사라졌다는 것입니다. 모르는 사람과의 대화에서도, 대중 앞에서 마이크를 잡고 연설할 때도, 특정 사안을 주제로 논리적인 토론을 벌일 때도 '힘 있는 말'을 전할 수 있다는 자신감이 생긴 것이지요.

건강하고 강인한 체력이 삶의 자신감을 가져오듯이, 대화의 리더십을 키우는 습관은 '관계'에 관한 자신감을 느끼는 데 큰 도움을 줄 것입니다. 그리고 책 전체를 통해 여러 차례 반복한 것처럼, 대화의 리더십을 바탕으로 성장할 수 있는 기회는 누구에게나 매일, 매 순간 계속되고 있습니다.

혼자만의 경험으로 그치는 것이 아니라, 모두에게 적용될 수 있는 놀라운 변화를 독자들과 함께 공유하고 싶습니다. 나아가, 이 책이 우리 사회의 다양한 대화 및 토론 영역에서 더욱 성숙한 '대화의 문화'가 정착되는 데 작은 씨앗이 될 수 있다면 더 바랄 게 없을 것입니다.

대화의 리더십

ⓒ 문학세계사, 김병민

초판 1쇄 인쇄   2023년 12월 28일
초판 1쇄 발행   2024년 1월 3일

지은이   김병민
펴낸이   김종해

펴낸곳   문학세계사
출판등록   제21-108호(1979. 5. 16)
주소   서울시 마포구 신수로 59-1, 2층
전화   02-702-1800
팩스   02-702-0084
이메일   munse_books@naver.com
홈페이지   www.msp21.co.kr
페이스북   www.facebook.com/munsebooks
인스타그램 www.instagram.com/munse_books

ISBN   979-11-93001-38-7   03190